DÉJATE AMAR

NOVELLO PEDERZINI

DÉJATE AMAR

Para redescubrir la alegría de vivir y la verdadera paz interior

EDICIONES RIALP

MADRID

Título original: *Làsciati amare. Per riscoprire la gioia di vivere e per giungere alla vera pace interiore.*

© 2024 *by* Edizioni Studio Domenicano
© 2025 de la versión española realizada por Teresa Gómez
by EDICIONES RIALP, S. A.,
Manuel Uribe 13-15 - 28033 Madrid
(www.rialp.com)

Preimpresión: www.produccioneditorial.com

ISBN (edición impresa): 978-84-321-6989-2
ISBN (edición digital): 978-84-321-6990-8
ISBN (edición bajo demanda): 978-84-321-6991-5
ISNI: 0000 0001 0725 313X
Depósito legal: M-2962-2025
Impreso en Anzos, S. L., Fuenlabrada (Madrid)

ÍNDICE

Presentación 9

Introducción 11

Te he creado como un prodigio 13

Hazte pequeño 27

Déjate amar 45

Déjate valorar 65

Déjate fascinar por Jesús 85

Tú, ámame así 103

Dónate así 123

El testimonio de Teresa de Lisieux 141

PRESENTACIÓN

Dejarse amar por Dios significa dejarse atrapar por su amor. Algunos dicen que dejarse amar es más difícil que amar. Quizás no sea del todo cierto, aunque es verdad que solo podemos amar a Dios porque Él nos ama primero.

Amar a alguien significa desear su bien y Dios, al amarnos, quiere compartirnos su bien, que es la participación en su felicidad. Pero ¡ojo!, no solo en el futuro, sino aquí y ahora. Quiere hacernos felices dándonos su amistad, que es lo más valioso.

La amistad es un amor recíproco, pero según los valores en los que se basa, adopta formas más o menos elevadas. La amistad verdadera es aquella que comprende la totalidad de la persona. En ella, el amigo ofrece el corazón, es decir, todo su bien: sentimientos, pensamientos, esperanzas y todo lo demás. Si la persona amada corresponde, florece una amistad auténtica que da alegría, serenidad y satisfacción.

Esto es lo que Dios hace con nosotros: nos ofrece una amistad verdadera porque nos da su infinita riqueza, se da a sí mismo por completo. Nos da incluso a su Hijo, y en Él no solo nos hace amigos, sino también auténticos hijos.

Él nos ha amado y nos ama primero. Nos ofrece su amor y, a cambio, quiere, naturalmente, nuestro amor.

La desproporción entre Dios y nosotros es infinita; Él sabe muy bien cuán incapaces somos de amarlo adecuadamente. Por eso, antes de aceptar nuestros débiles intentos de amarlo, quiere que creamos en su amor y que nos dejemos amar con humildad y confianza.

Déjate amar es el título de este nuevo libro de don Novello Pederzini. El tema es fascinante, aunque envuelto en el misterio, y para tratarlo se requería de un autor con experiencia, capaz de abordarlo desde un estudio profundo y una larga experiencia de vida y ministerio.

Don Novello, como escribió recientemente el Cardenal Giacomo Biffi, «no solo tiene el don de acercarse a los grandes temas de la fe, sino también el de exponerlos con un estilo ágil y moderno, accesible y agradable». Por eso es un verdadero maestro: un maestro que tiene el don de cogernos de la mano e introducirnos en el corazón de Aquel que nos ama de manera infinita y personal.

Le agradecemos que nos haya hecho partícipes de su camino de fe y de su experiencia como pastor en el encuentro con el único e insustituible amor, el amor del «Dios con nosotros» (*Mateo* 1, 23).

VICENZO BENETOLLO O. P.

INTRODUCCIÓN

ESTE PEQUEÑO LIBRO tiene como objetivo alcanzar una meta importante y señalar el camino simple para llegar a ella:

—La meta es convencernos de que somos amados de forma personal por un Dios que tal vez percibamos como distante, pero que en realidad nos es increíblemente cercano e íntimo.

—El camino es el de la infancia espiritual, señalado por Cristo y practicado por muchos santos, entre ellos Teresa de Lisieux, cuya *pequeña vía* fue avalada definitivamente al ser ella nombrada Doctora de la Iglesia.

Este libro, a pesar de sus limitaciones, busca cambiar la forma común de concebir y vivir la fe: abandonar la idea de un Dios severo y ausente, y acoger la de un Padre tierno que viene a nuestro encuentro y nos dirige una invitación dulce y cautivadora: *Déjate amar.*

Los contenidos se expresan en forma de diálogo directo de Dios Padre, para crear en el lector un ambiente de familiaridad y confianza. Todo ello con el fin de saborear la alegría de pertenecerle y alcanzar así una paz interior inquebrantable.

Don Novello Pederzini

TE HE CREADO COMO UN PRODIGIO

En el universo entero no hay nada más:
mi Dios y yo.

JOHN HENRY NEWMAN

Soy yo, el Padre de Jesús, quien te habla.

Comencemos con algunos textos bíblicos significativos y complementarios:

Dice el salmo: «Te alabo porque me has hecho como un prodigio» (*Salmo* 139, 14).
Quien me alaba es Jesús, mi único Hijo eterno, encarnado y hecho hombre; y me alaba porque Él es el prototipo, el ejemplo perfecto del hombre nuevo: «Eres el más bello de los hombres, en tus labios se derrama la gracia, el Señor te bendice eternamente» (*Salmo* 45, 3).

Jesús es un verdadero prodigio. ¿Quién es más grande, más amable, más fascinante que Él? Lo amo con todo mi ser; en Él deposito toda mi alegría.
El evangelista Mateo, al narrar el Bautismo de Jesús, transmitió claramente mi pensamiento, recogiendo estas

palabras mías: «Este es mi Hijo amado, en quien me complazco» (*Mateo* 3, 17).

Juan Bautista y quienes estaban presentes escucharon claramente mi mensaje, con el cual:

—revelé que Jesús es mi Hijo,
—certifiqué que era mi Enviado, es decir, el Mesías esperado,
—declaré mi gran amor por Él,
—lo proclamé como el Hijo amado, en quien tengo mi alegría: ¡mi verdadero gran prodigio!

Tú también eres un prodigio.

Las palabras «eres un prodigio» y «eres mi Hijo amado» tienen una importancia doble:

—ilustran el dulcísimo vínculo que me une a Jesús;
—no solo están dirigidas a Él, sino también, de alguna manera, a cada persona, donde sea que esté.

Así me dirijo:

—a cada hombre y a cada mujer,
—a cada niño y a cada adulto,
—a los jóvenes y a los ancianos,
—a los sanos y a los enfermos,
—a quienes se encuentran discapacitados, marginados, oprimidos por problemas matrimoniales, sexuales, afectivos, de comportamiento o existenciales,

—y a ti, personalmente.

Con toda la fuerza y la ternura de la que es capaz el amor, te susurro tiernamente: ¡Tú, precisamente tú, eres un prodigio! Yo, el Padre de Jesús, te digo lo mismo que le dije y le digo a Él:

—eres un prodigio mío,
—eres mi amado,
—eres mi alegría.

Sé que te estoy diciendo una verdad increíble y misteriosa, pero no por eso es menos cierta y segura. ¡No dudes! Te digo cosas maravillosas, y tú te quedas indiferente y dudoso... ¿Por qué? Es obvio: porque eres consciente de ser pobre y limitado, no te consideras digno de la atención de un Dios tan grande y perfecto como yo. Te sientes pequeño,

—perdido entre miles de personas,
—insignificante como una brizna de hierba o un grano de arena,
—sin interés ante mis ojos...

Y lamentablemente estos sentimientos empeoran a menudo con los juicios duros y humillantes de los demás: ¡no sirves para nada!, ¡eres un fracaso!, ¡eres despreciable, desagradable, incapaz, ridículo…! Entonces, te cierras en ti mismo y rompes todo vínculo conmigo y con los demás.

Y eres infeliz.

¡Eres el prodigio que amo! Desanimarte es el error más peligroso. Si no aceptas tu pobreza y no crees en mi amor infinito, te colocas en un camino sin salida y lleno de dificultades imprevisibles e insuperables. Debes convencerte de lo siguiente:

—eres una persona muy especial para mí,

—eres el «fin eterno de mi propósito»[1].

¡Te llamo por tu nombre! Te amo a pesar de tu pobreza, es más, ¡precisamente por tu pobreza! Si no aceptas ser amado, contradices la verdad fundamental de la vida, que es la del amor.

¿Sabes por qué tantas personas no conocen la alegría de vivir? ¡Justamente porque no me aceptan y, por lo tanto, no saben aceptarse a sí mismas!

No te abandones a elecciones negativas y decepcionantes, porque te autodestruirías. Acepta lo que te estoy proponiendo con humildad y confianza, porque quiero ayudarte a construir un futuro mejor para ti.

Eres amado porque eres mi criatura. Por tanto, debes convencerte de que has sido elegido por amor, y de que eres amado con un amor:

—infinito,

—eterno,

—desinteresado,

—personal.

---

[1] DANTE ALIGHIERI, *Divina Comedia*, "Paraíso", Canto 33, v. 3.

¿Amado, por qué? Ante todo, porque eres mi criatura. Eres mi criatura, y por eso todo lo has recibido de mí:

—el cuerpo, a través de la cooperación de tus padres;
—el alma, directamente de mí.

El alma espiritual, creada con una intervención específica mía, hace de ti, de cada hombre y mujer,

—un ser viviente,
—un ser pensante,
—la criatura más noble de la creación,
—el rey y el centro del universo,
—el sacerdote de la creación[2],
—un individuo absolutamente único, irrepetible y singular.

Te he creado a mi imagen y semejanza. He querido hacer de ti mi obra maestra. A mis ojos eres «como un prodigio» (*Salmo* 139, 14).

En el mundo creado no existe un ser más precioso que tú; ¿cómo podría no amarte? Tú vales más que todo lo que te rodea, aunque sea precioso y perfecto. ¿Quién

---

[2] El sacerdote es el mediador entre el Creador y las criaturas que, aunque dotadas de perfección y belleza, no son capaces de reconocer y alabar al Creador y Señor de todo el universo. El hombre es sacerdote porque con su inteligencia es capaz de representar a las criaturas inferiores ante el Creador, y de llevar a estas criaturas la voluntad del Señor, a quien reconoce como Creador y Padre de todo ser existente.

más que tú, mi criatura predilecta, puede conquistar mi mirada y mi corazón?

Continúo amándote incluso si me rechazas y cometes acciones desordenadas, porque tu dignidad vale más que tu miseria moral. Y quiero que regreses a mí.

Tú sigues siendo grande incluso en el momento en que, pecando, realizas acciones que contradicen tu dignidad de hombre. Te quiero y rechazo el pecado que puedas cometer.

Sigues siendo mi criatura adorable, incluso cuando, con tus malas elecciones, decides ofuscar y degradar tu nobleza. Yo soy paciente y espero que vuelvas a mí.

¡Eres mi hijo!

Pero hay más. Me perteneces no solo como criatura, sino también, y sobre todo, como hijo. Cada criatura humana es noble y grande. Cada hombre y mujer, sea cual sea el color de su piel, brilla a mis ojos con una luz resplandeciente, pero nadie brilla como aquel que, en el Bautismo, se ha convertido en mi hijo o hija.

¡Y tú lo has hecho! Con el Bautismo has dado un notable salto de calidad: has entrado en mi familia divina. A la dignidad de hombre o mujer, has añadido la dignidad superior de la filiación.

Hijo es aquel que ha sido generado por otro. Por lo tanto, solo Jesús es mi Hijo en sentido propio. Así que tú, que no eres Dios, no eres mi hijo como lo es Jesús. Sin embargo, te he elevado a la dignidad de hijo a través del don de la gracia.

La gracia es el don que te hace:

—hijo en mi Hijo,
—partícipe de mi misma vida divina. Te hace hijo,
como dicen los teólogos, «por adopción»[3].

El apóstol Juan lo dice claramente:

> Mirad qué amor nos ha tenido el Padre para llamarnos
> hijos de Dios, pues ¡lo somos! El mundo no nos conoce
> porque no lo conoció a él. Queridos, ahora somos hijos de
> Dios y aún no se ha manifestado lo que seremos. Sabemos
> que, cuando él se manifieste, seremos semejantes a él, por-
> que lo veremos tal cual es (1 *Juan* 3, 1-2).

Por lo tanto, eres hijo, en el sentido verdadero y a todos
los efectos. Has sido incluido en la vida íntima de nuestra
familia divina: Padre, Hijo y Espíritu Santo. Has entrado
en un estado superior e inimaginable. No puedes enten-
derlo ahora, pero al final podrás ver a tu Dios cara a cara
(cfr. 1 *Corintios* 13, 12).

Como hijo, te has convertido en un "noble", ¡un
"príncipe"! Sí, un príncipe, porque eres hijo de ese gran
Soberano que soy yo.

Eres un príncipe de la familia divina, y por lo tanto
también heredero del trono, de ese inefable trono que es
el Paraíso. Entonces, ¿cómo podría no amarte, ahora que
eres de mi familia?

---

[3] Para profundizar cfr. N. PERDEZINI, *Il Sacramento del Battesimo*,
ESD 1998, pp. 39-43.

ERES UNA REALIDAD PRECIOSA, DE INFINITA BELLEZA Y DE ETERNO VALOR

Eres, por lo tanto, criatura, eres hijo, eres heredero;

—eres una realidad preciosa: la más preciosa que se pueda imaginar;
—de infinita belleza: nada se te puede igualar en la tierra;
—de eterno valor: estás destinado a no terminar nunca y a vivir por la eternidad en mi casa.

Desde toda la eternidad, incluso antes de que nacieras y te convirtieras en parte de la historia, ya existías en mi corazón. Antes de que alguien te oyera llorar o reír, ya habías sido objeto de mi atenta preocupación. Antes de que alguien en este mundo te hablara, la voz del amor eterno ya te estaba hablando.

Tu belleza, tu unicidad e individualidad no te han sido dadas por aquellos que has encontrado a lo largo de la vida, sino por Aquél que te eligió con infinito amor... y ese soy yo, el eterno, que desde siempre y para siempre te llevo en mi corazón. Eres amado por mí, incluso cuando el mundo no te elige, no te quiere, no te ama o incluso te rechaza.

Cada vez que te sientas

—maltratado,
—ofendido,
—rechazado,

puedes reaccionar diciendo: estos sentimientos no me dicen la verdad, porque la verdad es que yo

—soy un hijo elegido por Dios,
—soy precioso a sus ojos,
—soy amado desde toda la eternidad,
—estoy protegido por su infinito y dulce abrazo.

Quizás te preguntes: «En el momento en que me eliges, Señor, ¿no rechazas a los demás?». ¡Es fácil pensarlo en un mundo tan competitivo! Sin embargo, debes saber que el haberte elegido a ti, en lugar de excluir, incluye a todos los demás.

No se trata de una elección competitiva, sino de una elección de amor. Te he elegido a ti, pero también elijo a los demás. Si aceptas ser precioso a mis ojos, no te debería ser difícil reconocer la belleza de los demás y su lugar igualmente único en mi corazón.

Puedes comprenderlo con una analogía: el sol que ilumina un prado de flores no se divide en tantas partes como flores hay, sino que ilumina con todo su ser cada flor individual: cada flor tiene el sol solo para ella.

Así que acéptate como una realidad preciosa. Acéptate como una realidad de infinita belleza y de eterno valor. Nadie ha vivido tu vida antes, y nadie la vivirá después. Es una pieza única del gran mosaico de la existencia: no hay precio que pueda igualarla o reemplazarla[4].

---

[4] Para profundizar en esta idea, cfr. H. J. M. NOUWEN, *Tú eres mi amado. La vida espiritual en un mundo secular*, Ppc, 2005.

Has sido pensado, amado, llamado

Te he llamado a la vida, más bien a participar en mi misma vida. Eres la realización de un plan de amor eterno y libre. Todo parte de mí, y no de ti, ¡pues sin mí no existirías!

La iniciativa ha sido mía:

—te he pensado,
—te he amado,
—te he elegido,
—te he llamado a una singular "vida de amistad" ¡tú y yo! que tiene como único fundamento un amor total.

Mi amor divino, completamente gratuito, lo debes:

—primero, creer y aceptar,
—después, corresponder.

Eres un prodigio porque has sido pensado y querido para un proyecto increíblemente importante: el de amarme a mí, que soy el amor, y que por amor te he elegido. No has sido tú quien ha elegido esta meta: tu fin soy yo, porque yo te he llamado.

Y si te he llamado, en lo más profundo de tu ser continuarás escuchando el llamado misterioso de mi amor que te busca sin cansarse.

Has sido pensado, amado y llamado: por lo tanto, tu vida no puede ser más que la respuesta a tu verdadera vocación, que es la del amor[5].

---

[5] Cfr. D. Barsotti, *La legge è l'amore*, Morcelliana, 1974, p. 16.

Ahora quiero reunir mis pensamientos en esta declaración abierta, que es la de un auténtico enamorado:

Te he llamado por tu nombre desde el principio. Tú eres mío y yo soy tuyo. Tú eres mi amado y yo soy tu verdadero enamorado. Te he modelado a mi imagen y te he formado en el vientre de tu madre. Estás grabado en la palma de mis manos y escondido en la sombra de mi abrazo.

Te miro con infinita ternura y tengo para ti el cuidado amoroso que una madre tiene por su hijo. He contado cada cabello de tu cabeza y guío cada uno de tus pasos. A dondequiera que vayas, yo voy contigo, y dondequiera que descanses, yo velo por ti.

Te daré el alimento que saciará toda tu hambre y la bebida que calmará toda tu sed. No te esconderé mi rostro. Sabes que yo soy para ti, como yo sé que tú eres para mí. Tú me perteneces.

Soy tu padre, tu madre, tu hermano, tu hermana, tu esposo. ¡Soy incluso tu niño! Te acogeré y te perdonaré siempre, aunque tu pecado sea grande.

Dondequiera que estés, allí estaré yo. Nada nos separará, ¡porque los dos somos uno en el amor![6].

---

[6] Cfr. H. J. M. Nouwen, *op cit.*, p. 28.

HAZTE PEQUEÑO

La felicidad no se compra en las tiendas.
La regala el Señor, pero solo a quien tiene
un corazón pequeño y humilde.

ANGELO COMASTRI

Estás llamado a una aventura que supera toda comprensión humana: la de amarme, aceptando mi propuesta de dejarte amar.

¡Qué gran e impenetrable misterio! ¿Quién es capaz de comprenderlo?

—¿Los inteligentes?
—¿Los estudiosos?
—¿Los científicos?
—¿Los ricos?
—¿Los grandes?
—¿Los poderosos?
—¿Quienes hayan ganado el premio Nobel?

Podría pensarse que quienes poseen mayores recursos y conocimientos científicos están mejor capacitados para entender mi misterio... ¡pero no es así! De acuerdo con el Evangelio, el verdadero secreto está en:

—la pequeñez,
—la sencillez de corazón,
—la pobreza de espíritu.

Solo quien se hace pequeño, sencillo y pobre tiene la llave para comprender y amar. Y es por eso que te dirijo esta invitación ferviente: ¡hazte pequeño!

PEQUEÑO, ¿POR QUÉ?

Debes hacerte pequeño porque la pequeñez evangélica es la condición indispensable para entrar en el misterio. El Evangelio no deja dudas: «Si no os convertís y os hacéis como niños, no entraréis en el reino de los cielos» (*Mateo* 18, 3).

Son dos invitaciones profundamente unidas y complementarias:

—es necesario convertirse;
—es necesario hacerse niño.

No se puede convertir uno sin volverse como niño; y no se puede llegar a ser niño sin una conversión profunda del corazón.

Te invito a convertirte[1], es decir, a pasar de la autosuficiencia orgullosa, que viene de la soberbia, a la pequeñez

---

[1] El término *conversión* indica aquí un cambio radical de vida, elegir una dirección opuesta a la que se recorría antes; es por tanto un completo cambio de sentido.

evangélica, que te coloca en una actitud de humildad y sumisión hacia mí y hacia mi voluntad.

Quien se hace pequeño:

- —lo cree todo,
- —cree de inmediato,
- —cree sin reservas,
- —cree con gran sencillez.

Quien no se hace pequeño se encuentra frustrado:

- —por el orgullo,
- —por la riqueza,
- —por la astucia,

y queda totalmente excluido de la luz y de la riqueza del Reino prometido a los pequeños.

La pequeñez no es solo un consejo o un medio de perfección especial reservado a ciertos grupos, sino una necesidad absoluta para todos: «Te doy gracias, Padre, Señor del cielo y de la tierra, porque has escondido estas cosas a los sabios y entendidos, y las has revelado a los pequeños» (*Lucas* 10, 21).

Así es: yo, que soy infinitamente grande, solo me dejo comprender por quienes se vuelven completamente pequeños.

Dice Schiller: «Que tu sabiduría sea la de los cabellos blancos, pero tu corazón sea el corazón de un niño». No hay palabras más acertadas para expresar la verdadera actitud del creyente que quiere vivir según el Evangelio de mi Hijo Jesús.

Hay, por tanto, una única y esencial clave para entrar en el misterio de Dios: la pequeñez evangélica. Esta realiza un cambio de calidad tan grande que transforma radicalmente la manera común de pensar y de actuar. Primero, te hace descubrir esta verdad fundamental:

—Yo, Dios, soy todo;
—Tú, hombre, sin mí, no eres nada.

Y, con un asombro creciente, te hace comprender:

—que yo soy el principio y la fuente de todo ser;
—que tú lo recibes todo de mí, de mi actividad creadora constante;
—que si deseas vivir y actuar, debes sentirte profundamente arraigado en mí, como el pez en el agua, como la flor en la luz;
—que en ningún otro puedes depositar tu completa esperanza ni tu plena confianza sino en mí.

En cuanto a la confianza, este abandono total en mí debería ser lógico después de tantas decepciones que has recibido de ti mismo y de otros... ¡Cuántas desilusiones has experimentado! Creías que tocabas el cielo con un dedo y, sorprendentemente, te encontraste humillado y derribado. Habías confiado en el amigo que creías honesto y leal, y resultó ser hipócrita, egoísta, indiscreto, traidor... Olvidaste mi advertencia: «Maldito quien confía en el hombre» (*Jeremías* 17, 5).

Esta pequeñez evangélica que estamos descubriendo:

—no es indecisión e inseguridad, porque nadie es más decidido y seguro que quien no se apoya en las arenas movedizas de sus propias fuerzas, sino en el fundamento sólido de la Omnipotencia divina: el pequeño es fuerte, fuerte con mi poder porque se ha abandonado completamente en mí.

—no es timidez ni miedo, porque nadie es más audaz que el pequeño, que se lanza sin calcular los riesgos y no se detiene ante los peligros.

—no es inactividad ni falta de compromiso, porque nadie es más valiente que quien toma decisiones y medidas con responsabilidad.

—no es escapismo ni superficialidad y mucho menos renuncia, sino la firme voluntad de actuar en mi nombre, con la fuerza del Omnipotente.

Hazte pequeño, para llegar a ser grande

Si eliges hacerte pequeño, encontrarás que, con gran facilidad, serás capaz de creer; es decir, de confiar en el amor de quien para ti es:

—Padre,
—Madre,
—Esposo,
—Hermano,
—Amigo,

y te sentirás fortalecido con mi misma Omnipotencia.

Te sentirás capaz de todo: «Si tuvierais fe como un grano de mostaza, le diríais a aquel monte: "Trasládate desde ahí hasta aquí", y se trasladaría» (*Mateo* 17, 20).

¿Podrías tú, pequeño grano, mover una gran montaña? ¡Ciertamente! ¡Porque soy yo, el Omnipotente, quien obra en ti! Creer, de hecho, no significa solo estar convencido de la existencia de Dios y de la divinidad de Jesús; ¡sería demasiado limitado! Eso lo hacen también los demonios.

Creer significa, sobre todo, darme crédito a mí, confiar en mi Palabra y en mi amor, y entregarme toda tu vida, con todo lo bueno y doloroso que conlleva. ¡Solo yo soy el Omnipotente! Y lo serás tú también, si aceptas actuar conmigo, dejándome libertad y espacio.

DEBES CREER CON LA FE DE UN NIÑO

Yo soy el Dios de lo imposible: debes creerlo. Fíjate en lo siguiente:

«[...] para Dios nada hay imposible» (*Lucas* 1, 37);

«Es imposible para los hombres, no para Dios. Dios lo puede todo» (*Marcos* 10, 27);

«Y lo que pidáis en mi nombre, yo lo haré» (*Juan* 14, 13).

No temas ser *excesivamente* audaz o pedir *demasiado* de mí. Mi mayor gloria es conceder a mis hijos «aquello que es imposible para los hombres».

Por supuesto, mi Omnipotencia generosa depende de tu fe: «Todo es posible al que tiene fe» (*Marcos* 9, 23). Es

34

decir, todo es posible también para ti, si crees con la fe de los niños que insisten en querer aquello que los adultos consideran imposible.

Los niños no poseen nada propio: todo lo reciben de sus padres, y, por eso, tienen una confianza ciega en ellos y solo en ellos.

Mi Apóstol escribe: «[el amor] todo lo cree, todo lo espera» (*1 Corintios* 13, 7). Así, también tú podrás y deberás esperar todo de mí, incluso lo que te parezca humanamente imposible.

No te preocupes de pedirme demasiado; preocúpate, más bien, de considerarte un auténtico niño y de actuar en consecuencia.

Debes contar conmigo

Cuanto más crezca tu fe, más descubrirás que yo soy todo y que todo viene de mí.

De mí proviene:

—toda fuerza,
—toda capacidad,
—toda sabiduría.

Todo viene de mí, ¡no de ti! Todo proviene de mi mente y de mi corazón[2], y no de tus razonamientos y esfuerzos. Así que no te atormentes por todo lo que sucede.

---

[2] Lógicamente este separar la mente del corazón es un modo de hablar, ya que atribuimos a Dios, de manera analógica, la forma de amar y de actuar de los hombres.

Si te afliges:

—por querer resolverlo todo,
—por verlo todo claro,
—por estar presente en todo,

es señal de que tienes:

—más fe en ti que en mí,
—más fe en tu prudencia que en mi Sabiduría y en mi Providencia.

Recuerda: «Que vuestra fe no se apoye en la sabiduría de los hombres, sino en el poder de Dios» (*1 Corintios* 2, 5).

Si te angustias interminablemente por abarcarlo todo, descuidando los medios sobrenaturales, demuestras tener poca fe en mí; y confías más en tus propias fuerzas que en la eficacia de mi gracia.

No olvides que: «Ni el que planta es nada, ni tampoco el que riega; sino Dios, que hace crecer» (*1 Corintios* 3, 7).

Si te emocionas cuando "todo va bien" y te deprimes cuando te ves inmerso en tinieblas y dificultades, es evidente que basas tu seguridad más en tus emociones pasajeras e ilusorias que en la fuerza inagotable de mi Espíritu.

¡Cuenta conmigo! Agárrate firmemente a mí, solo a mí, y nunca serás arrastrado por las mareas de tu inestabilidad humana.

FE Y PEQUEÑEZ

Solo si llegas a hacerte pequeño lograrás tener fe. La pequeñez evangélica es a la vez causa y efecto de la fe.

Cuanta más fe tengas, más pequeño te volverás. Cuanto más pequeño seas, más auténtica será tu fe. Así, la fe te hará pequeño; y tu pequeñez aumentará tu fe.

Esta fe y esta pequeñez te llevarán a:

—no confiar nunca totalmente en ti, sino a esperar todo de mí;
—no hacer nada sin recurrir a mí;
—no juzgar a nadie;
—no decidir nada sin verlo conmigo en la oración.

Cuando seas verdaderamente pequeño, comprenderás:

—que tu palabra es nada si no la pronuncio yo;
—que tu acción es estéril si no la dirijo yo;
—que tu oración es imperfecta si no la inspira mi Espíritu.

Los pequeños no tienen en qué apoyarse: son pobres, frágiles, indefensos. Todo lo reciben de sus padres. Avanza con determinación por el camino de la pequeñez: hazte pequeño, cuenta siempre y solo conmigo. Entonces tendrás toda la fuerza arrolladora de la fe y verás, en tu pequeña vida, maravillas inimaginables. No hay en el mundo una potencia más grande que la fe "en estado puro", tal como la viven los pequeños.

Mi poder elige la pequeñez como trono: «Ha mirado la humildad de su esclava, [...] el Poderoso ha hecho obras grandes en mí» (*Lucas* 1, 48-49).

Son realmente pobres aquellos "grandes" que, por su orgullo y presunción, se autoexcluyen de comprender mis tesoros de verdad y amor.

Recuerda las claras palabras de la Madre de Jesús: «[Dios] dispersa a los soberbios de corazón» (*Lucas* 1, 51).

No estamos en oposición, sino en comunión

No temas que, al destacar que yo soy el todo y tú eres la nada, pueda disminuir el valor de tu persona. No se trata de escoger entre dos opuestos: tú o yo; ni de anularte a ti para que triunfe yo. Se trata más bien de elevar tu persona en el momento en que te entregas completamente a mí.

Tú y yo no estamos en oposición, sino en comunión.

Recuerda que:

—¡Yo, sin ti, no quiero hacer nada!
—¡Tú, sin mí, no puedes hacer nada!
—Sí, yo lo hago todo, pero solo contigo, y en ti.

Es célebre la afirmación de san Agustín: «Quien te creó sin ti, no te salvará sin ti». Tú y yo caminamos juntos en una "nueva y eterna alianza" donde tú tienes todo por ganar.

Piénsalo: en cierto modo, yo mismo me aniquilo para elevarte a ti (cfr. *Filipenses* 2, 7). Si tú renuncias a ti mismo, mortificas lo que te degrada (el pecado), mientras que tu verdadero yo es elevado al mismo nivel humano-divino que el de mi Hijo Jesús.

En el viejo tronco de tu yo es injertado Cristo, mi Hijo, el *hombre nuevo* por excelencia: «Despojaos del hombre viejo [...] corrompido por sus apetencias seductoras; y revestíos de la nueva condición humana creada a imagen de Dios» (*Efesios* 4, 22-24).

El Concilio Vaticano II dice: «El que sigue a Cristo, Hombre perfecto, se perfecciona cada vez más en su propia dignidad de hombre»[3]. Y don Giovanni Rossi: «El cristianismo es humanismo elevado al infinito».

Pequeño hombre: ¿quieres ser más grande que esto? Cuanto más pequeño te hagas, más te confiarás plenamente en mí, y más desarrollarás las incalculables riquezas que ya posees y que aún desconoces.

AL HACERTE PEQUEÑO, TODO TE SERÁ POSIBLE

Tú y yo, apasionadamente unidos, podremos realizar verdaderos milagros. Podremos lograr resultados que son humanamente impensables e inalcanzables. Con una sola condición: que realmente te hagas pequeño y pongas toda tu confianza en mí.

Todo será posible si:

—en lugar de perderte en analizar tus debilidades, prefieres contemplar mi poder;

---

[3] *Gaudium et Spes*, n. 41.

—en lugar de afligirte por tus imperfecciones, te alegras por mis perfecciones;

—en lugar de entristecerte por tus miserias, eres feliz refugiándote en mí;

—en lugar de autocompadecerte, saboreas la dulzura de ser el más pequeño y, por tanto, el más necesitado de mis cuidados;

—en lugar de desanimarte por tus pecados, los aceptas con paciencia, aprendiendo a "reciclarlos" y reconociendo que también ellos son un sorprendente medio para reevaluarte y madurar.

San Pablo dice: «Cuando soy débil, entonces soy fuerte» (*2 Corintios* 12, 10). Y es obvio, porque de un simple y humilde trapo, yo, el Omnipotente, puedo hacer una obra maestra de perfección y amor.

HE ELEGIDO LO NECIO DEL MUNDO PARA HUMILLAR A LOS SABIOS

Esta ha sido y es mi estrategia: una estrategia absurda a los ojos del mundo que te rodea, pero segura y victoriosa. Escucha:

«De la boca de los niños de pecho has sacado una alabanza contra tus enemigos para reprimir al adversario y al rebelde» (*Salmo* 8, 3);

«El más pequeño crecerá hasta un millar, y el más modesto se hará un pueblo poderoso» (*Isaías* 60, 22);

«lo necio del mundo lo ha escogido Dios para humillar a los sabios, y lo débil del mundo lo ha escogido Dios para humillar lo poderoso. Aún más, ha escogido la gente baja del mundo, lo despreciable, lo que no cuenta, para anular a lo que cuenta, de modo que nadie pueda gloriarse en presencia del Señor» (*1 Corintios* 1, 27-29).

Observa: he usado herramientas pequeñas e inadecuadas para realizar las empresas más grandes. En el Antiguo Testamento:

—elegí al pequeño pastor David para vencer al gigante Goliat (cfr. *1 Samuel* 17);

—usé a la débil Judit para decapitar al terrible Holofernes y poner en fuga a su ejército (cfr. *Judit*);

—llamé a Gedeón y a unos pocos hombres para derrotar a un enemigo poderoso y armado (cfr. *Jueces* 6);

—mantuve la fe de mi pueblo confiando en el pequeño y fiel grupo de mis "pobres".

En el Nuevo Testamento, esta estrategia alcanzó su cumbre en María, elegida entre las mujeres más humildes del pueblo más desconocido, para realizar la obra más grandiosa y revolucionaria de toda la historia: la redención y la salvación de la humanidad.

Así he hecho durante estos dos mil años de historia cristiana, en los que, incluso cuando me he servido de instrumentos dotados de capacidades humanas, siempre he exigido una humilde correspondencia y docilidad a mis designios de guía y salvación.

Las páginas más bellas las he escrito en la vida de mis pequeños, que han vivido y actuado en simplicidad y libertad, apartando de sí todo orgullo y autosuficiencia.

Solo haciéndote pequeño podrás ser un hombre de comunión

Haciéndote pequeño, podrás convertirte en un hábil constructor de comunión, de solidaridad y de reconciliación. Y esto será posible porque habrás adquirido las virtudes necesarias para este fin:

—el sentido de tus propios límites,
—la humildad,
—el respeto y aprecio por los demás,
—la tolerancia y paciencia,
—la capacidad de adaptación,
—el amor por el diálogo.

Podrás dialogar cuando:

—sepas aceptar a los demás tal como son y por lo que son, reconociendo en ellos virtudes y razones que merecen ser acogidas y valoradas;
—estés dispuesto a no juzgar a nadie, a dar también el manto a quien quiera quitarte la túnica (cfr. *Mateo* 5, 40); a hablar bien de quienes hablan mal de ti, y a poner la otra mejilla;
—estés dispuesto a amar y a rectificar primero; a ceder incluso cuando tienes razón; a dar siempre el primer paso; a sentirte el siervo de todos, según la invitación del Evangelio: «El mayor entre vosotros se ha de hacer como el menor» (*Lucas* 22, 26).

No hay otro camino

Las cosas que te he dicho no son solo una lectura edificante, sino una importante propuesta de amor, un exigente programa de vida. No basta con entusiasmarse por esta profunda espiritualidad: debes comprometerte con decisión a vivirla en plenitud.

Te lo repito; no hay alternativas: es cuestión de vida o muerte: «Si no os convertís y os hacéis como niños, no entraréis en el reino de los cielos» (*Mateo* 18, 3).

No puedes decirme: "sí, pero sin comprometerme", como haces a menudo. Yo por ti me comprometí hasta el final, hasta sacrificar a mi Hijo en la Cruz, hasta entregarlo por completo para tu liberación.

Avanza con determinación por este camino de la pequeñez evangélica. Hazte pequeño sinceramente, no como una pose. Hazte pequeño siempre, no solo algunas veces, porque la pequeñez no serviría de nada si, en los momentos de mayor oscuridad y peligro, decides caminar por tus propios medios o defenderte con tus propias manos.

Entrégate a mí sin resistencia, como un buen niño. Entrégame todo de ti, sin intentar quedarte con nada. Abandónate «como un niño en brazos de su madre».

¡Déjate poseer!

¡Déjate sanar!

¡Déjate amar!

¡Déjate valorar!

¡Déjate inundar de alegría y paz interior!

DÉJATE AMAR

Los ojos del amor han visto tu belleza infinita,
tu valor eterno.

HENRI J. M. NOUWEN

HAS NACIDO DEL AMOR y has sido creado para amar. Solo por eso te he creado: ¡porque te he amado! Y solo una cosa, obviamente, te pido: ¡que me ames!

No te será fácil amarme. Pero aún más difícil es creer en mi amor. Y, en consecuencia, dejarte amar por mí.

¿Y por qué? Porque te parece increíble, y por lo tanto imposible, que un ser tan pequeño y pobre como tú pueda ser objeto de una atención divina tan tierna.

No hay dudas: «En esto consiste el amor: no en que nosotros hayamos amado a Dios, sino en que él nos amó y nos envió a su Hijo como víctima de propiciación por nuestros pecados» (1 *Juan* 4, 10).

Antes de intentar amarme, debes convencerte de que yo te amo; ¡de que te amo como nadie más! Pero para llegar a esta convicción, debes superar una larga serie de temores y prejuicios.

Debes llegar a aceptarme con el alma simple y abierta de un niño. Solo haciéndote niño podrás recibirme y entender las cosas tan grandes que quiero revelarte.

Déjate iluminar, inundar, llenar de mi amor

Te pido que creas en el amor que tengo por ti. Cree en mi amor infinito, tierno y personal. Cree como creyeron mis primeros discípulos: «Nosotros hemos conocido el amor que Dios nos tiene y hemos creído en él» (1 *Juan* 4, 16).

¿Lo comprendes? No fuiste tú quien inició esta relación de amor: fui yo; y, por lo tanto, antes de buscar tu amor, quiero que me entregues tu corazón para poder llenarlo de mi amor.

Déjate iluminar, inundar, llenar de mi amor. Sumérgete en mí, como una gota en el océano. «Señor, tú me sondeas y me conoces. Me conoces cuando me siento o me levanto, de lejos penetras mis pensamientos; [...] ¿Adónde iré lejos de tu aliento?» (*Salmo* 139, 1-7).

Debes darte cuenta de que yo te miro, te busco, vengo a ti. Creías que eras tú quien me buscaba, pero yo ya estaba allí, desde siempre, para hablarte y abrazarte.

Yo estoy en ti: permanece en mi presencia, contémplame, ámame. Mi amor es infinito, pero puedo derramarlo en ti en la medida en que tú, libremente, te dejes amar.

¡Qué amor tan loco es el mío!

Solo yo puedo amar sin límites y sin sombras, sin reservas y sin intereses personales. Solo yo sé amar con un amor absolutamente gratuito. Te amo sin mérito alguno de tu parte.

Te amo no porque seas bueno, sino porque yo soy bueno. Te amo incluso cuando todos te odian y te condenan.

Yo estoy siempre de tu lado y siempre dispuesto a disculparte. Sigo haciendo lo que hice en la Cruz, cuando al morir perdoné a mis verdugos. Tú me ofendes, y yo te perdono y te defiendo.

¡Qué amor tan loco es el mío! Ante tus pecados, yo no siento repulsión, sino:

—comprensión,
—ternura,
—deseo de perdonarlos,
—deseo de amarte.

No te detesto a ti, sino al mal que hay en ti. Y mi mayor alegría es perdonarte y celebrar tu arrepentimiento y tu perdón.

Qué bellas son las palabras de la parábola del hijo pródigo: «Era preciso celebrar un banquete y alegrarse, porque este hermano tuyo estaba muerto y ha revivido; estaba perdido y lo hemos encontrado» (*Lucas* 15, 32).

¿Te sientes pobre, te sientes nada?

Yo no veo tu nada, no veo tu pobreza. Te amo como si fueras para mí una riqueza infinita, como si fueras un esplendor de gloria, como si perderte a ti fuera perderme a mí mismo.

¿Te sientes oprimido por tus límites y tus fracasos?

No temas: te amo tal como eres. Tienes razón: quizá no haya nadie más mísero que tú... Pero es esta abismal miseria la que atrae mi amor y mi misericordia.

Debes ser feliz: si eres el más grande de los pecadores, debes saber que tienes un derecho prioritario a ser sumergido en el océano infinito de mi amor.

Un amor que todo lo comprende y perdona

Satanás, en su gran odio hacia mí, busca todas las formas de alejarte de mi amor.

Quiere que te sumerjas en tus miserias para apartar tu mirada de mí y de mis maravillosos proyectos. ¡No caigas en esta trampa de muerte! Si supieras cómo esas mismas faltas que tanto te hacen sufrir pueden ser utilizadas para mejorar... De hecho:

—te muestran la verdadera medida de tu nada;

—te impiden envanecerte con tus éxitos y confiar en tus aparentes progresos;

—te ayudan a no sorprenderte de los defectos de los demás;

—te permiten palpar la bondad de mi corazón, tan grande que hizo decir a santa Teresa: «¡oh, si pudiera pecar sin ofender a nadie, pecaría, pues así comprendería mejor a mi Dios!»;

—te impulsan a lanzarte en mis brazos y a sentirte verdaderamente seguro solo así.

Como ves, uso tus caídas para excavar más profundamente en ti los cimientos de la humildad y la pequeñez. Tus caídas pueden convertirse en el punto de partida para nuevas ascensiones y progresos más sólidos.

Pablo dice: «A los que aman a Dios todo les sirve para el bien» (*Romanos* 8, 28), y Agustín añade que ¡incluso el pecado!

Así pues, debes vivir en la alegría, de la cual ni siquiera los pecados pasados pueden apartarte.

Ofréceme cuanto antes:

—cada una de tus debilidades,
—cada uno de tus pecados,
—cada uno de tus desalientos,
—cada uno de tus errores…

Deja que te purifique, que te cure, que lo arregle todo, como hace una madre con su pequeño, que, al caer al suelo, está sucio, herido y llora desesperado. Por poner otro ejemplo: no afeito superficialmente los vellos de tu barba, sino que los arranco de raíz para que no vuelvan a crecer ni dejen rastro alguno.

¿Qué más quieres? ¿Por qué insistes en torturarme con tus pecados, y en atormentarte a ti mismo?

BÚSCAME DENTRO DE TI, NO FUERA

Solo si te dejas amar así, como te pido, podré realizar en ti mis maravillas y llevar a cabo mis proyectos.

Haz silencio y escúchame. El silencio es el momento en el que dos personas que se aman logran comunicarse más allá de las palabras. El silencio es hermoso, no como carencia, sino como plenitud de comunicación y amor.

Puedes descubrirme solo si me buscas dentro de ti, no fuera. Entrar en intimidad conmigo: ¡nada es más hermoso!

Déjame amarte a mi manera, como un enamorado más.

Déjate

—abrazar,
—acariciar,
—envolver por mi ternura infinita.

¿Has experimentado esta ternura? Es algo único, inigualable, indescriptible... no puede compararse con otras emociones terrenales.

Déjate atrapar por este amor inefable, más que tratar de capturarlo. Prepara tu corazón para recibirme, y déjame a mí tomar la iniciativa.

Déjate proteger por mí. Solo yo puedo liberarte de las muchas seducciones del mundo, de los ataques del maligno y de los peligros que abundan en la vida.

Dame el honor de ser tu defensor personal. Déjate envolver en mi amor, como un pez que se sumerge en el océano y se siente rodeado de una fuerza amiga y acogedora.

Déjame a mí cada preocupación, cada angustia…

—¡déjamelo todo!
—¡déjate a ti mismo!
—todo es don; todo proviene de Aquel que es tu único y verdadero enamorado[1].

---

[1] Cfr. L. TAMBÉ, *Lasciarsi amare da Dio*, Barrafranca 2000, p. 18.

¿Qué es todo lo demás? «Paja», dice santo Tomás[2]. «Nada», diría san Juan de la Cruz.

SOLO MI AMOR ES VERDADERO, SINCERO Y SEGURO

—es verdadero, porque yo soy la Verdad absoluta, sin sombra de error o falsedad;

—es sincero, porque no persigue ningún interés propio, sino solo comunicar mi amor inagotable;

—es seguro, porque yo permanezco inmutable y firme, sin los altibajos que caracterizan las relaciones humanas.

No confíes en tu corazón, que a menudo está lleno de egoísmo, de sentimentalismo y de muchas otras complejidades insondables. El corazón del hombre es verdaderamente un abismo, como dice la Biblia, o un auténtico laberinto, como dice Manzoni.

Además, es bastante frágil e inconstante. Puedes comprobarlo en ti y en los demás. ¡Cuántas decepciones en este sentido! Es la historia de cada día, ¡también la tuya! Cuántas veces has descubierto que tu supuesto amor no era más que:

—una cómoda ilusión,

—paja que desaparece en el fuego,

—una mezcla de vanagloria y apariencia,

---

[2] Santo Tomás de Aquino, después de escribir numerosas páginas de profundo contenido teológico, al llegar a la cuestión 90, artículo 4, de la tercera parte de la *Summa theologica*, tuvo una visión celestial y contempló tales maravillas que ya no pudo continuar escribiendo. Así, interrumpió su obra diciendo: «Todo lo que he escrito es inadecuado... ¡es solo paja! Dios es mucho más».

—una satisfacción superficial,
—un breve impulso de falso fervor.

Creías que me amabas, pero en realidad solo te amabas a ti mismo. Creías que me habías elegido, pero continuabas considerando tu yo como el único e irrenunciable centro de atención.

Aprende a dudar de ti mismo, porque, aunque eres mi obra maestra, llevas las marcas y las consecuencias del pecado original, que fue

—de rebelión,
—de desobediencia,
—de negación hacia mí y mi primacía sobre todas las cosas.

Pero no temas que esto te haga menos amado; no temas por tu pobreza ni por tu incapacidad para amarme. Lo importante es que yo te ame y que tú sigas amándome… a pesar de todo.

Tus falsedades, tus errores, tus debilidades… no son un obstáculo para mí: yo te amo a pesar de estas miserias.

Nada puede interponerse entre tú y yo, entre mi deseo de amarte y tu voluntad de acoger mi amor. Pero no confíes en ti mismo, porque el verdadero amor es solo aquel que yo enciendo en tu corazón.

ESPERA TODO DE MÍ, PORQUE SOY EL OMNIPOTENTE

Espera todo de mí, porque yo soy el Omnipotente. Solo yo puedo hacer y lograr aquello que nadie más podría siquiera imaginar. Si confiaras más en mí y menos en ti mismo, obtendrías también aquello que te parece imposible.

Todo puedes y debes esperarlo de mí:

—de mí, es decir, de mi amor y de mi misericordia;
—no de ti, es decir, no de tus esfuerzos ni de tus tensiones.

Recuerda estas palabras significativas:

«Se rompen los arcos de los valientes, mientras los cobardes se ciñen de valor» (1 *Samuel* 2, 4);

«Él levanta del polvo al desvalido, alza de la basura al pobre» (1 *Samuel* 2, 8);

«De Dios viene mi salvación y mi gloria, él es mi roca firme, Dios es mi refugio» (*Salmo* 62, 8).

Lograrás lo que esperas en la medida en que logres esperar:

—si esperas poco, obtendrás poco;
—si esperas mucho, obtendrás mucho;
—si esperas lo imposible, obtendrás lo imposible, porque para quien tiene fe nada es imposible (cfr. *Mateo* 17, 20).

¡CONFÍA CIEGAMENTE EN MÍ!

Debes confiar ciegamente en mí. Debes convencerte de que nada en el mundo puede ser mejor que confiar en mí y abandonarte a mi amor.

Aprende a repetir con convicción:

—«confío en ti»,
—«me entrego a ti»,
—«me fío de ti»,

y no busques otros puntos de referencia que te resultarían rápidamente inestables, inseguros y, al final, decepcionantes.

Dime simplemente: ¡sí! Sé que es difícil llegar a un abandono total e incondicional. Sé muy bien que, incluso cuando confías en mí, quieres reservarte ese mínimo de certeza que surge de:

—tu experiencia,
—tus capacidades,
—haber "tocado con tus propias manos",
—haber comprobado algo tú mismo.

Sé bien que, aunque creas confiar en mí, terminas confiando más en ti mismo. Y así, tu "sí" es exactamente lo opuesto a lo que yo quisiera de ti.

Tu "sí" es:

—un sí a ti mismo, más que a mí,
—un sí a tu voluntad, más que a la mía.

Dame un "sí" decidido. Da ese "salto en la oscuridad" con la certeza de que cada abandono a mí es una adhesión a quien cuida de ti y de tu bien más que nadie. Es un salto en la oscuridad que es todo menos oscuro.

No lo retrases más

¡No dudes más! No te dejes retener por tantas consideraciones negativas e inconsistentes. ¿Por qué no decides creer en mi amor? ¿No ves que todo se derrumba a tu alrededor y que solo tienes fracasos y desilusiones de los que hablar?

La causa de tu mediocridad y de tu insatisfacción es precisamente que aún no has aceptado ser amado personalmente por mí. La fe en mi amor debería ser la única fuerza irresistible. Si de verdad lo creyeras, ¡todo cambiaría en ti!

Te encontrarías habitualmente:

—sereno,
—fuerte,
—relajado,
—optimista…

y no triste, desmotivado, negativo e inseguro.

Se ha dicho que la fe es como estar al borde de un abismo oscuro y oír a alguien que te dice: «lánzate, lánzate… y yo te recibiré en mis brazos…», y tú, ciegamente, realmente te lanzas.

Lánzate sin más discusiones ni retrasos. Mi amor puede hacerlo todo en ti. ¡Y tú puedes hacerlo todo conmigo!

Echa en mi corazón todas tus preocupaciones

Deja atrás toda duda y todo temor. Abandónate ciegamente y por completo. El abandono es la mejor terapia contra la depresión y el desánimo.

Reflexiona sobre estas palabras iluminadoras y reconfortantes:

«En el día terrible, yo confío en ti. [...] en Dios confío y no temo» (*Salmo* 55);

«Él es mi Dios y Salvador: confiaré y no temeré, porque mi fuerza y mi poder es el Señor» (*Isaías* 12, 2);

«Descargad en él todo vuestro agobio, porque él cuida de vosotros» (1 *Pedro* 5, 7);

«Tengo siempre presente al Señor, con él a mi derecha no vacilaré» (*Salmo* 16, 8);

«Dios es mi auxilio, el Señor sostiene mi vida» (*Salmo* 54, 6).

Si estás conmigo, no te abandonaré; nunca podría abandonarte. ¡No te dejes vencer por el desánimo! ¡No dejes caer los brazos! ¡No abandones el campo!

El desánimo es la señal clara de tu orgullo, que no se resigna a ver derrotadas tus fuerzas y deslucida tu imagen. Si te dejas amar por mí, ya no podrás preocuparte por ti mismo, porque mi mano sostiene el último eslabón de la cadena de tus eventos y de los del mundo.

DETENTE, TEN CALMA, RELÁJATE

Si esperas todo de mí, debes permanecer siempre conmigo. Repito: ¡siempre!

Debes estar conmigo:

—de forma habitual,
—durante largo tiempo,
—en una silenciosa comunión de amor,

como se hace con la persona que se ama.

Permanece conmigo durante un rato: detente, cálmate, relájate. ¿Por qué te agitas tanto, te atormentas y te angustias? Si todo proviene de mí, ¿cómo puedes vivir aunque sea un instante lejos de mí?

Escucha: «Yo soy todo, y tú también eres todo, si yo estoy en ti. No hay nada fuera de ti, nada necesitas buscar, porque aquello que buscas ya está en ti, si yo estoy en ti. El pasado y el futuro se reúnen en el instante en que vives mi presencia. Yo soy el inmutable»[3].

Ignacio Larrañaga describe así nuestro estar juntos:

Estás conmigo:
me sondeas y me conoces,
me penetras y me envuelves,
y me amas.
Tú estás conmigo, yo estoy contigo.
Me das la existencia,
me das consistencia.
En ti estoy,
en ti me muevo,

———

[3] D. BARSOTI, *La legge é l'amore*, p. 122.

en ti vivo.
Estás conmigo:
a dondequiera que vaya,
dondequiera que esté,
como sea que me encuentre.
¡tú estás conmigo![4].

Es tiempo perdido el que no pasas conmigo. Cuanto más logres vivir en sintonía conmigo, más sereno y relajado serás: siempre tendrás un espíritu contento.

Imita a Abrahán y a María

Abrahán, en el Antiguo Testamento, se convirtió en «el padre de los creyentes», porque «creyó contra toda esperanza» (*Romanos* 4, 18).

En la *Carta a los hebreos* se dice: «Por la fe obedeció Abrahán a la llamada y salió hacia la tierra que iba a recibir en heredad. Salió sin saber adónde iba» (*Hebreos* 11, 8). Evidentemente, confió en Dios y escuchó su llamado, aunque todo parecía disuadirlo de obedecer.

María, en el Nuevo Testamento, es el ejemplo más elocuente de fe amante e incondicional. Ella, al igual que Abrahán,

—no comprendió, pero aceptó,
—no vio, pero confió,
—no comprobó nada, pero creyó todo.

---

[4] Cfr. I. Larrañaga, *Muéstrame tu rostro*, San Pablo, 2013.

Cree tú también como Abrahán, como María, como todos los hombres y mujeres que han hecho la historia de Israel, la historia de la salvación. Cree con la fe de los pequeños, de los sencillos, de los humildes, de los pobres, uniéndote a mis proyectos de salvación y de amor.

SÉ CAPAZ DE ESPERARME

Si esperas todo de mí, ¡aprende a saber esperar! Este saber esperar, con paz, es la señal de tu fe y de tu esperanza. Debes saber esperar mi hora, es decir, la hora de la gracia, de mi intervención, sin forzar ni acelerar nada.

Si te dejas amar por mí, no debes tener nunca prisa, y debes aceptar con calma cualquier lentitud o demora. Debes aprender a esperar porque debes experimentar tu pobreza. Debes aceptar la noche oscura y la niebla que se levantan de repente, ocultando el sol.

Dice el salmo: «Nosotros aguardamos al Señor: él es nuestro auxilio y escudo» (*Salmo* 33, 20).

¡Sé capaz de esperarme!

¿Y QUÉ DECIR DEL INFIERNO?

En este punto puedes preguntarme: «Si tu amor es infinito y personal, ¿cómo puedes mandar a uno solo de tus hijos al infierno?». «¿Existe aún el infierno?». «¿Cómo puede coexistir tu amor paternal con una condena tan dura e irrevocable?».

Sé bien que la palabra infierno te inquieta y despierta imágenes aterradoras que hacen pensar en un Dios malo, vengador y casi cruel.

Hablarte del infierno no significa hacer "terrorismo psicológico", sino recordarte el dramático riesgo con el que todos se pueden encontrar: el de no encontrar nunca mi amor.

Es absolutamente cierto que:

—el infierno existe,
—es para todos una tragedia posible;
—es para ti, como para todos, un verdadero peligro que podría ser fatal y para siempre.

Sin embargo, no soy yo quien te manda al infierno: ¡eres tú quien lo eliges!

Tengo tanto respeto por tu libertad que te dejo la posibilidad de elegir tu ruina. Existe un infierno terrenal y existirá el infierno eterno: están tan conectados que uno es la continuación del otro.

Eliges el infierno terrenal cuando:

—al amor le opones el rechazo o la indiferencia,
—a la vida le opones la muerte,
—al bien le opones el mal,
—a la apertura hacia los demás le opones la cerrazón egoísta.

El infierno eterno es la total ausencia de amor y de bien. El condenado está completamente aislado de mí y de los demás condenados; está en la condición angustiosa de saber que está excluido para siempre de aquella felicidad para la cual yo lo había creado. Y no puede culpar a nadie, porque ha sido él quien ha elegido este camino: ha elegido decir no al amor y avanzar por un camino completamente opuesto.

Al final, incluso antes del Juicio Divino, será el mismo condenado quien se negará a querer ser eternamente feliz conmigo. Y tendrá que reconocer que el infierno es el "premio" que él mismo ha elegido: ¡su premio!

Es difícil pensar en la situación trágica de quien tendrá que precipitarse en el infierno, donde todo es frío y muerte, ¡como lo sería la tierra si desapareciera el sol!

El infierno será el castigo para quien haya rechazado el Amor con plena conciencia y verdadera determinación. Pero ciertamente no lo será para tantas personas que, por ignorancia o por fragilidad, no se dan cuenta de lo que hacen o lo que eligen.

Ten la certeza de que yo, tu dulcísimo Padre y amigo, no te mandaré al infierno: lo he dispuesto todo para que estés siempre conmigo, en el Paraíso.

Pero no olvides, mientras estés en esta tierra, que siempre corres el riesgo de poder rechazar mi Amor.

DÉJATE VALORAR

Nuestro Dios tiene como profesión valorar,
da valor a todas las personas que ha llamado
a la existencia.

GIOVANNI BENASSI

PRECISAMENTE PORQUE TE AMO, ¡te valoro! Mi amor no se limita a una pura "contemplación" de lo que he creado en ti, sino que quiere traducirse en un compromiso concreto de valorización de tu persona.

Este es mi "oficio" insustituible: valorizar mis criaturas y hacerlas crecer y madurar. Casi diría que no sé hacer otra cosa.

No es algo trivial, porque la creación no se limita al momento inicial, sino que continúa y acompaña a cada ser creado hasta su plena maduración. Valorar significa:

—hacer crecer lo que es pequeño,
—hacer conocer lo que es desconocido,
—honrar lo que es digno de admiración,
—reconocer a cada ser su rol insustituible en el inmenso mosaico de la creación.

Solo yo te puedo valorar plenamente, porque solo yo co-nozco completamente lo que eres y lo que puedes llegar a ser. Por eso quiero que tanto tú como quienes te conocen sepan el extraordinario valor de tu persona.

QUIERO QUE TE DESARROLLES AL MÁXIMO

Los verbos *amar* y *valorar* se suman entre sí y podríamos decir que se compenetran. Quien ama a una persona no puede más que desear su crecimiento, su perfección y su felicidad. ¡Y eso es lo que quiero hacer contigo!

Quiero hacer de ti una criatura

—madura,
—feliz,
—realizada,
—valorizada al máximo.

Quiero que mi amor te transforme, hasta hacer de ti esa obra maestra

—original,
—completa,
—perfecta,

que corresponde plenamente al proyecto que tengo para ti.

Quiero que te realices

—como hombre; como mujer,
—como hijo,
—como colaborador.

Sí, como colaborador, porque tu colaboración es para mí preciosa e insustituible. Tu crecimiento está ligado a nuestro esfuerzo común: cada uno por su parte.

Yo soy grande y tú eres pequeño; yo soy fuerte y tú eres frágil y débil... pero no importa: lo importante es que caminemos juntos.

Te he creado libre, y por lo tanto responsable de tus elecciones y de tus acciones. Me pongo a tu disposición, pero que quede claro que yo

—no anulo tu personalidad,
—no pongo límites a tu actuar,
—no ignoro tus capacidades.

Solo tenemos que caminar juntos: tú con tu debilidad, y yo con mi fuerza. Debemos realizar juntos la formidable empresa de que llegues a ser perfecto según lo dicho por Jesús: «Por tanto, sed perfectos, como vuestro Padre celestial es perfecto» (*Mateo* 5, 48).

Así que déjate valorar por quien te conoce y te ama.

Entrégame tu pobreza

Para darte mi fuerza, necesito que me entregues tu debilidad. No te pido que me ofrezcas tus virtudes o tus méritos: estas cosas provienen de mí y son un don de mi gracia.

Te pido que me dones lo que es tuyo, es decir, tu pobreza. Te pido que me ofrezcas lo que te hace sentir pequeño y frágil:

—tus males físicos,
—tu torpeza,
—tus dificultades,
—tus crisis,
—tus decepciones,
—tus insatisfacciones,
—tus luchas,
—tus tentaciones,
—tus arideces,
—tus caídas,
—tus amarguras,

en una palabra: ¡todo! Todo lo que te hace tocar con las manos tu radical pobreza.

Cuando decidas poner en mis manos todo el enorme cúmulo de tus debilidades, yo pondré en tus manos mi explosiva potencia de amor y de fuerza.

Tiene razón san Pablo cuando dice: «la fuerza se realiza en la debilidad. Así que muy a gusto me glorío de mis debilidades, para que resida en mí la fuerza de Cristo» (2 *Corintios* 12, 9).

Increíblemente, Pablo se siente fuerte en el momento de la debilidad, porque soy yo quien lo sostiene.

TU DEBILIDAD ES MI FUERZA

Aún no has comprendido cuán grandes son tu pobreza y tu debilidad. Cuando te des cuenta de ello y te hagas pequeño y humilde, yo te daré mi fuerza y mi infinita potencia.

Aún confías demasiado en ti mismo y en tus fuerzas, y así sigues acumulando

—derrotas,
—fracasos,
—decepciones.

Y a pesar de todo, todavía no te decides a separarte de ti mismo para confiar en mí. Tu debilidad podría unirse a mi fuerza. Repito:

—no tu fuerza unida a mi fuerza,
—¡sino tu debilidad unida a mi fuerza!

La conciencia de tus límites se llama humildad, ¡y es justamente la humildad el canal privilegiado de mi gracia!

Dice san Pedro: «Pero revestíos todos de humildad en el trato mutuo, porque Dios resiste a los soberbios, mas da su gracia a los humildes» (1 *Pedro* 5, 5).

Y el salmo: «El Señor es sublime, se fija en el humilde, y de lejos conoce al soberbio» (*Salmo* 138, 6).

Si te exaltas o te deprimes, dejando de lado la actitud humilde que te pido, no podré actuar en ti y contigo.

LA CONFIANZA QUE ME DAS NO TE QUITA NADA

¡Atención! Este exaltar mi potencia y acentuar tu debilidad no debe llevarte al error de menospreciar tu dignidad y tus capacidades naturales.

Existo yo, pero también existes tú. Soy importante yo, pero también eres importante tú. Actúo yo, pero también debes actuar tú. No somos dos valores antitéticos, sino dos fuerzas complementarias.

Cierto, tú, en comparación conmigo, eres pequeño. Y además, el pecado original te ha hecho débil, frágil e impredecible, por lo que siempre estás en peligro de desviarte y pecar.

El pecado original ha encendido en ti los siete vicios capitales[1], el primero de los cuales es el orgullo (la soberbia), que es el impulso de actuar con autosuficiencia, arrogancia y desdén.

Tienes mil motivos para valorarte, pero tienes muchos más para mantenerte humilde y necesitado de mí.

Confiar en mí no te quita nada de ti. Si me amas, te doy una respiración inmensa, una fuerza divina. Te elevo, te levanto, te amplio. Le doy a tu vida mi misma grandeza, porque soy yo quien me hago presente en ti, si me buscas.

DAME TU DISPONIBILIDAD

Yo soy el autor de cada don, pero quiero operar en ti y en el mundo solo con tu colaboración. Quiero construir junto a ti

—tu vida,
—tu futuro,
—tu alegría.

Dice san Pablo: «Pero por la gracia de Dios soy lo que soy, y su gracia para conmigo no se ha frustrado en mí. Antes

---

[1] Los pecados capitales son: soberbia, avaricia, lujuria, ira, gula, envidia y acedia (pereza).

bien, he trabajado más que todos ellos. Aunque no he sido yo, sino la gracia de Dios conmigo» (1 *Corintios* 15, 10).

Como ves, no te sustituyo. Quiero, al contrario, que te sumerjas en mí, para que participes de mi fuerza, de mis virtudes, de mi alegría.

Déjame entrar en ti. Déjame actuar. Déjame hacer lo que he pensado para ti. Renuncia:

—a seguir obstinadamente tus propias ideas,
—a hacer solo lo que te gusta y te conviene,
—a ir por tu cuenta.
—a comprometerte solo en aquellas actividades que satisfacen tu amor propio,
—a hacer la voluntad de los superiores solo cuando logres hacerla coincidir con la tuya.

Te repito la invitación: «Estoy de pie a la puerta y llamo» (*Apocalipsis* 3, 20). Si me abres y me dejas entrar en tu corazón, podrás realizar conmigo cosas maravillosas. Lo importante es que estés plenamente disponible.

Déjame hacer

Estarás disponible:

—cuando me permitas entrar en ti como dueño y señor,
—cuando me des tu consentimiento libre y pleno para hacer lo que considero útil y ventajoso para ti.

Déjate usar como un instrumento dócil y flexible. Te lo pido porque tienes el tremendo poder de impedírmelo, en nombre de una presuntuosa autonomía y libertad. ¡Cuántas maravillas podré hacer en ti, si te abres completamente a mí, dejándote amar y guiar!

Quiero hacerte:

—signo,
—río,
—instrumento,

para realizar ese proyecto mío del cual tú (¡precisamente tú!) eres una parte importante, ¡esencial!

Quisiera transformarte en fuego que:

—enciende,
—consume,
—calienta.

Pero este fuego no podrá encenderse ni arder si tu corazón está lleno de orgullo: pretenderá ser omnipotente y hacerlo todo sin mí.

Dónate sin reservas

Para realizar mis planes, que se dirigen todos a tu máximo bien, necesito poder actuar en un terreno que sea completamente mío, donde yo soy todo y donde puedo hacer todo, es decir:

—derribar y construir,

—vaciar y llenar,
—arrancar y plantar.

Tú eres como ese bloque de mármol del que Miguel Ángel extrajo su maravillosa estatua de la Piedad. El artista necesitaba actuar libremente, y poco habría podido hacer si hubiera encontrado resistencias y límites.

Dame libertad. Dame el permiso para que pueda entrar en tu corazón, sentirme dueño y actuar libremente: ¡nadie puede construir algo en una casa que no le pertenece!

¡Cuántas contradicciones en tu vida! De palabra, me repites que eres todo mío, pero con los hechos solo me permites actuar cuando no toco tu voluntad.

Cuando logres considerarme el verdadero propietario, entregándome las llaves de tu casa, sin querer recuperarlas,

—no te deprimirás si no consigues nada;
—no te quejarás si las cosas no van como deseas;
—no te sorprenderás si ves que los eventos se mueven en dirección completamente opuesta a la que tú habías querido y por la cual habías orado.

Lo importante es que te entregues completamente a mí, sin recuperar con los hechos lo que me entregas con las palabras.

En realidad, ya me perteneces por derecho, porque eres mi criatura y mi hijo. Pero yo deseo que seas tú quien me entregue libremente lo que yo por amor te he confiado.

Te pido que te rindas a mi amor. ¿Por qué tienes miedo?

Lo sé: tienes miedo de la palabra *todo*, porque quisieras retener algo, aunque pequeño y modesto, solo para ti.

No tengas miedo de ofrecerlo todo, porque solo al entregarte del todo, ¡podrás encontrarlo todo!

Pon todo en mis manos:

—tiempo,
—salud,
—proyectos,
—luchas,
—tentaciones,
—debilidades,
—tribulaciones,
—errores,
—pecados,
—vejez,
—muerte...

Repite a menudo: *Padre, ven a vivir conmigo, habla, ora, ama tú en mí, guíame donde tú quieras, visítame cuando y como quieras.*

Repite con convicción: *quiero aceptar, con gusto, todo lo que dispongas para mí, porque sé con certeza que, al perderme en ti, finalmente me encontraré a mí mismo, y toda mi acción será más verdadera, más auténtica, más constructiva.*

La oración es tu fuerza

Si creyeras verdaderamente que yo soy tu Dios y que todo te viene de mí, tu primera aspiración sería estar siempre unido a mí en oración. Ningún texto evangélico es más explícito:

«Permaneced en mí, y yo en vosotros. Como el sarmiento no puede dar fruto por sí, si no permanece en la vid, así tampoco vosotros, si no permanecéis en mí. Yo soy la vid, vosotros los sarmientos; el que permanece en mí y yo en él, ese da fruto abundante; porque sin mí no podéis hacer nada. Al que no permanece en mí lo tiran fuera, como el sarmiento, y se seca; luego los recogen y los echan al fuego, y arden» (*Juan* 15, 4-6).

Y en Lucas se lee que hay que «es necesario orar siempre, sin desfallecer» (*Lucas* 18, 1).

Por lo tanto, una oración intensa, asidua, continua. La oración debe formar el tejido y la trama de lo que haces a lo largo de todo el día.

De la oración debe brotar toda tu acción y decisión, de manera que la actividad exterior sea la proyección de tu vida interior.

Las actividades que producen frutos saludables son solo aquellas que nacen de la unión conmigo.

Y no son igualmente saludables aquellas que nacen solo de tu entusiasmo natural o de tu frenético dinamismo.

Recuerda que yo soy la vid, es decir, la savia vital de la que brota la vida. Tú eres solo mi pequeño sarmiento.

Desprendido de mí, te conviertes en una rama seca, inútil, que estorba. ¡No te subestimo por eso! Al contrario, te aseguro que:

—si permaneces en mí, producirás los mismos frutos que si los produjera yo;

—aunque tus actividades sean pocas e imperfectas, darán mucho fruto, porque brotarán de mi Corazón viviente dentro de ti;

—si eres como un sarmiento vivificado por mi Espíritu, incluso tu más pequeño gesto podrá transmitir una inmensa cantidad de luz: ¡mi luz! Y de vida: ¡mi misma vida!

DEJA QUE ACTÚE EN TI MI ESPÍRITU

Deja que sea mi Espíritu el que ore en ti. Dice Pablo: «El que escruta los corazones sabe cuál es el deseo del Espíritu, y que su intercesión por los santos es según Dios» (*Romanos* 8, 27).

Debes saber que la oración es cosa mía, es cosa de mi Espíritu. Es en ella, y a través de ella, que comparto mi luz, mi paz, mi amor, mi fuerza, y te transfiguro haciendo de ti otro yo.

Pero, ¡ay de mí!, ¡aún estás lejos de haberlo comprendido! Trata de entender cuatro cosas:

1. En la oración rara vez ocurre ese encuentro entre tú y yo que deseo. Tú, más que dialogar conmigo, dialogas contigo mismo. Recitas muchas oraciones, pero en tu oración no estoy yo.

Estás tú, con:

—tus razonamientos,
—tus sentimientos,
—tus necesidades,

y, sobre todo, con:

—tus preguntas,

—tus protestas.

Haz que también esté yo, con todo lo que tengo para comunicárte, con todo lo que tengo para proponerte. ¡Cuántas cosas maravillosas tengo para decirte! Debo «mostrarte mis caminos e instruirte en mis senderos».

2. Tu oración debe ser:

—más escucha que palabras;
—más contemplación que razonamiento;
—más adoración que súplica;
—más acogida que ofrenda.

No importa tanto lo que me dices, sino lo que yo quiero decirte. No importa tanto lo que escucho de ti, sino lo que tú escuchas de mí. yo debo ser el centro de tu oración, y tú solo debes escucharme... así.

3. Apaga tus luces, y deja que sea yo quien encienda tu luz interior. Detén tu inteligencia y tus sentimientos, y deja hablar al Espíritu. Déjale plena libertad para pedir lo que es bueno para ti, lo que he pensado para ti. La oración no es actividad, sino ante todo hospitalidad del corazón, que hace espacio a la sorpresa de mi venida, a las maravillas de mi amor.

4. Déjate guiar, en el plano operativo, por mi Espíritu. Déjale ser no solo el protagonista de la oración, sino también del actuar dentro y fuera de ti. Él te conducirá por un camino seguramente exigente, pero orientado a

hacer de ti una nueva criatura, capaz de idear y realizar las mejores obras.

Construyamos juntos tu alegría

La alegría es un mensaje recurrente en las Escrituras. En el Antiguo Testamento encontramos:

«Acreciste la alegría, aumentaste el gozo» (*Isaías* 9, 2);

«Que se alegren los que se acogen a ti» (*Salmo* 5, 12);

«los llenaré de júbilo en mi casa de oración» (*Isaías* 56, 7);

«Que la alegría sea contigo» (*Tobías* 5, 10);

«Festejad a Jerusalén, gozad con ella [...] y os saciaréis de sus consuelos [...]. como a un niño a quien su madre consuela, así os consolaré yo» (*Isaías* 66, 10-11.13).

Y en el Nuevo Testamento:

«os anuncio una buena noticia que será de gran alegría» (*Lucas* 2, 10);

«permaneced en mi amor [...] para que mi alegría esté en vosotros, y vuestra alegría llegue a plenitud» (*Juan* 15, 9.11);

«También vosotros ahora sentís tristeza; pero volveré a veros, y se alegrará vuestro corazón, y nadie os quitará vuestra alegría» (*Juan* 16, 22-23);

«Alegraos siempre en el Señor; os lo repito, alegraos» (*Filipenses* 4, 4);

«Porque el reino de Dios no es comida y bebida, sino justicia, paz y alegría en el Espíritu Santo» (*Romanos* 14, 17).

La alegría es la esencia de mi Reino, así como yo soy el amor y la justicia. Quiero ser tu amigo para que vivas en la alegría que surge de la amistad que nos une. Quiero que estés contento, optimista, feliz de pertenecerme. Te quiero sereno, incluso cuando:

—tu cuerpo esté agotado,
—tu alma abatida,
—tu corazón atrapado en la prisión de la soledad, la desilusión, el desánimo.

Debes desear ser feliz. Debes exigirlo a toda costa,

—valorando los motivos que pueden sostener tu alegría;
—eliminando todo aquello que pueda quitártela.

La serenidad podrá convivir con las situaciones más dolorosas y las tribulaciones más difíciles. Dice Pedro: «Estad alegres en la medida que compartís los sufrimientos de Cristo» (1 *Pedro* 4, 13); «Por ello os alegráis, aunque ahora sea preciso padecer un poco en pruebas diversas» (1 *Pedro* 1, 6); y Santiago: «Considerad, hermanos míos, un gran gozo cuando os veáis rodeados de toda clase de pruebas» (*Santiago* 1, 2).

Cuando te sientas invadido por el desánimo y la tristeza, ven enseguida a mí. Sumérgete en este océano de paz, que es mi dulcísimo Corazón. Quédate allí largo rato, en silencio, hasta que yo haya inundado nuevamente tu espíritu con mi paz.

Edifiquemos la paz

Quiero que vivas en paz, en esa paz que es solo mía y no se confunde con la que ofrece el mundo (cfr. *Juan* 20, 19-29). Si te entregas completamente a mí, adquirirás automáticamente una gran paz.

Si pones toda tu vida, con sus infinitas complicaciones, en mis manos, yo sabré transformar en bien incluso los males más terribles. Si te dejas amar, te abandonarás tranquilamente en mí, dejando que sea mi amor quien regule y mida cada aspecto de tu vida.

Incluso en los momentos más difíciles y tempestuosos, procura mantener la paz, pensando que te has entregado a mí y que, por lo tanto, yo cuidaré de tus asuntos, ¡a mi manera!

¿Te sientes destrozado? Déjate amar y déjate moldear: yo me encargaré de remendar cada desgarro y reparar cada daño.

¿Te sientes oprimido por tus culpas y omisiones? Déjate perdonar: yo me ocuparé de pagar tus deudas, recuperar los tesoros perdidos y las gracias desperdiciadas.

¿Te sientes cubierto de heridas y llagas recurrentes y humillantes? Déjate curar: yo me encargaré de sanarlas con el vino de mi fortaleza y el aceite de mi ternura.

¿Te sientes atormentado por tentaciones? Déjate amar: no te afanes en luchar contra Satanás, porque no puedes vencerlo; es más fuerte que tú. Solo yo puedo protegerte de sus ataques: yo, que soy «el Señor valeroso en la batalla» (*Salmo* 24).

Pero si buscas refugio y victoria en otro lugar, ¿cómo podrás defenderte? ¿Cómo podrás salvarte? ¿Cómo podré ayudarte?

Permanece cerca de mí con las armas invencibles de la humildad y la confianza. Ante la tentación, lánzate en mis brazos y confía sobre todo en mí, recordando que: «Torre firme es el nombre del Señor: donde el justo se refugia seguro» (*Proverbios* 18, 10).

«Confía en el Señor con toda el alma, no te fíes de tu propia inteligencia; cuenta con él cuando actúes, y él te facilitará las cosas» (*Proverbios* 3, 5-6).

Así, en la humildad, la confianza y el abandono, construirás tu alegría y tu paz; te construirás a ti mismo, realizando tu auténtica vocación, que es la del amor.

DÉJATE FASCINAR POR JESÚS

La Vida se hizo visible,
y nosotros [la] hemos visto.
Sabemos que el Hijo de Dios ha venido
y nos ha dado inteligencia para que conozcamos
al Verdadero.

Primera carta de san Juan 1, 2; 5, 20

Para dar un fundamento concreto a lo que estamos diciendo, es absolutamente necesario comenzar con Jesús de Nazaret.

¿Por qué? Porque Él es el punto de referencia:

—tangible,
—concreto,
—accesible,

para todo lo que se refiere a mí, que soy invisible y envuelto en un aparente y misterioso silencio.

En Jesús me he acercado a los hombres, a cada hombre, y me he hecho uno de vosotros. Para que pudierais verme, tocarme, acercaros y escucharme, en Jesús me he hecho hombre: mi Palabra se ha hecho carne.

En la persona de Jesús está todo lo mío:

—mi propia naturaleza,
—mi amor infinito,
—mi Palabra definitiva para la humanidad.

Más allá y después de Jesús, nada podrá ser más importante ni más necesario. Dice el apóstol Juan:

«A Dios nadie lo ha visto jamás: Dios unigénito, que está en el seno del Padre, es quien lo ha dado a conocer» (*Juan* 1, 18);

«Porque tanto amó Dios al mundo, que entregó a su Unigénito» (*Juan* 3, 16);

«Y el Verbo se hizo carne y habitó entre nosotros» (*Juan* 1, 14).

Jesús dijo: «Yo y el Padre somos uno»

El Verbo es la segunda Persona de la Santísima Trinidad; es mi Hijo, mi único Hijo. Tiene todo en común conmigo y con el Espíritu Santo. Es «Dios de Dios, Luz de Luz, Dios verdadero de Dios verdadero [...] por quien todo fue hecho»[1].

Al hacerse hombre, no dejó de ser Dios: seguía siendo verdadero Dios, y comenzó también a ser verdadero hombre. En su única Persona divina coexisten dos naturalezas: la divina y la humana.

Al asumir la naturaleza humana, Jesús, siendo a la vez Hombre y Dios, se convirtió en el verdadero gran Sacerdote, el mediador insustituible entre vosotros y yo.

---

[1] Credo Niceno-Constantinopolitano.

Esto se resume en estas palabras:

«Quien me ha visto a mí ha visto al Padre» (*Juan* 14, 9);

«Yo y el Padre somos uno» (*Juan* 10, 30).

No hay, por tanto, más que un camino directo y seguro para conocer mi rostro y mis pensamientos: Jesús. No hay otro medio para llegar a poseerme: Jesús. Si Él es «el Camino, la Verdad y la Vida», entonces:

—creyendo en Él, crees en mí;
—escuchándolo a Él, me escuchas a mí;
—acogiéndolo a Él, me acoges a mí;
—observando sus comportamientos, entiendes mis pensamientos, mis intenciones y mis proyectos.

Jesús revela mi verdadera identidad. Es absolutamente indispensable ver y comprender:

—cómo vivió Él,
—qué decisiones tomó Él,
—qué comportamiento tuvo en sus relaciones conmigo y con los demás.

Observándolo y escuchándolo, podrás intuir lo que pienso y lo que quiero de ti.

No te queda más que tomar en tus manos los escritos del Nuevo Testamento, especialmente los cuatro Evangelios, y sumergirte en la meditación de lo que Jesús dijo e hizo, completando y ampliando lo que Yo ya había revelado en el Antiguo Testamento.

Jesús revela mi verdadera identidad

Cuenta el evangelista Marcos:

> Cuando salía Jesús al camino, se le acercó uno corriendo, se arrodilló ante él y le preguntó: «Maestro bueno, ¿qué haré para heredar la vida eterna?». Jesús le contestó: «¿Por qué me llamas bueno? No hay nadie bueno más que Dios» (*Marcos* 10, 17-18).

Jesús no objeta el título de maestro, pero sí el de "bueno", y subraya con determinación que este título, *bueno*, solo puede aplicarse a mí, solo a Dios.

Por lo tanto: solo yo soy bueno, solo yo soy el Padre. O, mejor dicho: solo yo soy un Padre bueno. Soy bueno de manera absoluta y perfecta. Soy un Padre bueno no solo a medias o por un cierto tiempo: soy solamente bueno, completamente bueno, y no cambio de "humor" si las cosas cambian a mi alrededor.

¡Mi verdadera y única naturaleza es la bondad y solo la bondad!

Ya en el Antiguo Testamento me revelé como Padre y como Madre

En el Antiguo Testamento revelé lenta y progresivamente mi verdadera identidad. Me presenté sobre todo como Aliado y como Esposo, y, paralelamente, como Padre.

Dije repetidamente que amaba a Israel con amor de Padre, pero me dirigía a mi pueblo de manera colectiva, es decir, amándolo en su conjunto. Israel era mi pueblo, no porque hubiera sido generado por mí, sino porque había sido elegido, escogido, entre muchos otros pueblos.

No era el fruto de una generación, sino de una elección.

Los profetas me indicaron como un pastor que cuida su rebaño, como un viñador que cuida su viña, pero sobre todo como un Padre amoroso que ama a Israel como a su hijo.

Es una relación que tiene todas las características del amor paternal, pero que no es tal en un sentido propio y personal. Son significativas estas expresiones:

«Seré un padre para Israel, Efraín será mi primogénito [...] me acuerdo y se conmueven mis entrañas. ¡Lo quiero intensamente!» (*Jeremías* 31, 9.20);

«Tú, Señor, eres nuestro padre, tu nombre desde siempre es "nuestro Libertador"» (*Isaías* 63, 16).

A veces los Profetas usan términos que tienen todo el sabor materno, como en estos textos famosos:

«Yo haré derivar hacia ella, como un río, la paz, como un torrente en crecida, las riquezas de las naciones. Llevarán en brazos a sus criaturas y sobre las rodillas las acariciarán; como a un niño a quien su madre consuela, así os consolaré yo, y en Jerusalén seréis consolados» (*Isaías* 66, 12-13).

«Sión decía: "Me ha abandonado el Señor, mi dueño me ha olvidado". ¿Puede una madre olvidar al niño que amamanta, no tener compasión del hijo de sus entrañas? Pues, aunque ella se olvidara, yo no te olvidaré. Mira, te llevo tatuada en mis palmas, tus muros están siempre ante mí"» (*Isaías* 49, 14-16).

Al ilustrar mi amor, estos Profetas hablan de las entrañas de Dios, usando un término hebreo que evoca el amor de la madre[2].

Los salmos, por otro lado, contienen expresiones eficaces de gran ternura, hasta configurar una relación cada vez más íntima y personal, como en el salmo 131, considerado uno de los salmos más bellos, una joya de inigualable interioridad, discreción y emoción, dice así:

> Señor, mi corazón no es ambicioso, ni mis ojos altaneros; no pretendo grandezas que superan mi capacidad. Sino que acallo y modero mis deseos, como un niño en brazos de su madre; como un niño saciado, así está mi alma dentro de mí. Espere Israel en el Señor ahora y por siempre».

El autor sagrado logra concentrar en estas simples palabras el verdadero sentido del encuentro del creyente con el Padre celestial, que también es madre, en la alegría y la intimidad del abandono confiado.

Soy el Padre de Jesús

A Jesús le corresponde el mérito de haber traído a la tierra la noción plena y definitiva de mi ser Padre, referido no a una comunidad, sino a cada persona.

---

[2] El término original hebreo es *rahamin*, que en su raíz denota el amor de la madre, porque proviene de *rehem*, que es el vientre materno.

Jesús vivió intensamente su relación conmigo. Cuando me hablaba, en la intimidad de nuestras conversaciones, me llamaba con el dulce nombre de *abbá*, que era la palabra usada por el niño judío cuando llamaba a su padre: *papá*.

Su relación conmigo era única, exclusiva e irrepetible, porque él es mi Hijo, procedente de mí por generación divina.

Jesús vivió en profunda unión conmigo, compartiendo no solo mi amor y la naturaleza divina, sino también toda actividad: «las obras que yo hago en nombre de mi Padre, esas dan testimonio de mí [...]. yo y el Padre somos uno» (*Juan* 10, 25.30).

Soy también tu Padre

No solo Jesús es mi hijo, sino que también vosotros lo sois: él por generación divina, vosotros por adopción. No con una relación genérica y comunitaria, sino con una relación celosamente íntima y personal.

Jesús reveló al mundo mi verdadera identidad, que es la de un Padre providente y misericordioso; el verdadero Padre de los pobres y de los que sufren.

—Padre providente: «Dios tiene cuidado del mundo y de todas las cosas que ha creado, las conserva y gobierna con su infinita bondad y sabiduría»[3].

—Padre misericordioso: siempre estoy dispuesto a comprender, acoger y perdonar a cualquier pecador arrepentido, sin importar qué pecado haya cometido.

---

[3] Catecismo de san Pío X, n. 31.

—Padre de los pobres y de los que sufren: mi amor está dirigido a todos, pero en particular a los que son pobres y afligidos por sufrimientos físicos y morales.

Jesús, con sus palabras y su vida, ha revelado claramente mis prerrogativas paternas, diciendo y haciendo lo que yo podría haber dicho y hecho: con un amor tierno, atento, dulce y comprensivo. Basta con leer los Evangelios para darse cuenta.

Cómo Jesús valoraba a todos

Jesús reveló plenamente y ejerció mi "oficio", que, como hemos dicho, es el de valorar a cada una de mis criaturas. El Evangelio nos muestra a un Jesús constantemente dispuesto a acoger a todos, con el deseo de embellecer, de la mejor manera posible, a cada persona que se presentaba ante él. Algunos ejemplos:

—Jesús encuentra a un oficial, un pagano, y lo valora diciendo: «En verdad os digo que en Israel no he encontrado en nadie tanta fe» (*Mateo* 8, 10);
—ve a una mujer en el patio del templo que ofrece las únicas dos monedas que tiene. Nosotros ni siquiera nos habríamos dado cuenta... ¿qué son dos monedas? Para Jesús, en cambio, son mucho, y dice: «En verdad os digo que esta viuda pobre ha echado en el arca de las ofrendas más que nadie» (*Marcos* 12, 43);
—acoge a una prostituta en la casa del fariseo escandalizado, y la exalta con estas palabras: «Ella, en cambio, me ha regado los pies con sus lágrimas y me los ha enjugado

con sus cabellos» (*Lucas* 7, 44). Para él no es simplemente una prostituta, sino una persona que tiene valor;

—encuentra al único leproso curado que vuelve a darle las gracias, y enseguida lo elogia diciendo: «Levántate, vete; tu fe te ha salvado» (*Lucas* 17, 19). Jesús no exalta su propio poder, sino la fe de aquel pobre samaritano;

—a la adúltera le dice: «Tampoco yo te condeno. Anda, y en adelante no peques más» (*Juan* 8, 11). Dice estas palabras para hacer importante lo poco o mucho que hay de bueno en ella. Sabe bien que, quizás, nada cambiará en ella, pero quiere darle la posibilidad de creer en sí misma;

—a los Apóstoles que piden una fe más grande, Jesús les dice: «Si tuvierais fe como un granito de mostaza, diríais a esa morera: "Arráncate de raíz y plántate en el mar", y os obedecería» (*Lucas* 17, 6). Jesús toma su pequeño grano de fe y sabe que de ese grano se puede sacar mucho;

—valora a los niños, que en esa época eran poco considerados, diciendo: «No impidáis a los niños acercarse a mí; de los que son como ellos es el reino de los cielos» (*Mateo* 19, 14)[4]. Para la sociedad de entonces los niños valían muy poco, pero para Jesús tienen un gran valor.

—da gran importancia a la elección de María de escucharle a Él en lugar de preocuparse por preparar la comida. Jesús valora enormemente a María, reconociéndole el derecho de elegir entre las tareas propias de las mujeres, que se limitaban a la cocina, y las ocupaciones de los hombres, que

---

[4] Podemos reflexionar, por ejemplo, sobre el hecho de que en *Mateo* 14, 21 se narre la multiplicación de los panes y peces diciendo que «comieron unos cinco mil hombres, sin contar mujeres y niños».

podían gozar del privilegio de conversar con los maestros importantes (cfr. *Lucas* 10, 38-42).

De las palabras y el comportamiento de Jesús se hace fácil deducir mi ser, intuyendo el gran amor que encierra mi corazón.

Se hace fácil entrar en mi corazón e intuir todo el amor que él encierra.

Déjate fascinar por Jesús

Jesús, hombre-Dios, es lo más bello, puro, elevado y santo que las personas puedan desear. Cada una de sus palabras, cada gesto y toda su vida rebosan de gracia y de verdad. ¡Es la verdadera maravilla del mundo!

Su grandeza está toda en su persona. No necesita de esas apariencias externas a las que los hombres recurren para parecer más de lo que realmente son. No tiene protecciones, no posee riquezas, no ostenta títulos sociales. Vive en la pobreza, en la marginación y en la humildad.

Con su muerte en la Cruz permitió que su existencia fuera marcada por la infamia. Sin embargo, nada ni nadie puede sofocar el encanto humano y divino que emana de Él. Después de dos mil años, miles de millones de hombres y mujeres aún no se han saciado de contemplarlo[5].

Comienzas a conocerlo cuando descubres que te ama. Y cuando descubres su amor, entiendes que el amor humano no te sacia, no te fortalece, no te salva, porque

---

[5] Cfr. L. FANZAGA, *Cristianesimo controcorrente*, Paoline, 2001, p. 51.

ninguna criatura puede sacar de su soledad existencial a otra criatura. Solo él es capaz de derribar los muros impenetrables de tu yo y entrar en tu corazón para hacerte escuchar los inefables latidos de mi amor.

JESÚS, EL MEJOR AMIGO

Al hacerte amigo de Jesús, te haces amigo mío. Ninguna amistad humana puede compararse con esta.

Jesús es un amigo que nunca traiciona. Cuando estás solo y todos te abandonan, Él está presente, discreto y atento. Lo encuentras siempre en lo más íntimo de tu corazón, dispuesto a escucharte y ayudarte. Él es la presencia fiel que llena la soledad humana y, por tanto, también la tuya.

Los verdaderos amigos son escasos, pero Jesús es único. Solo Él dio su vida por ti, sufrió por tu salvación eterna. Los hombres, tarde o temprano, inevitablemente decepcionan. Solo el amor de Jesús no cansa y nunca traiciona.

JESÚS SOBRE TODAS LAS COSAS

Aquí un conocido texto de *La imitación de Cristo*:

1. Bienaventurado el que conoce lo que es amar a Jesús, y despreciarse a sí mismo por Jesús. Conviene dejar un amado por otro amado, porque Jesús quiere ser amado sobre todas las cosas. El amor de la criatura es engañoso y mudable, el amor de Jesús es fiel y durable. El que se llega a la criatura, caerá con lo caedizo; el que abraza a Jesús, afirmará en Él para siempre. Ama a Jesús y tenle por amigo, que aunque todos te desamparen, Él no te

desamparará ni te dejará perecer en el fin. De todos has de ser desamparado alguna vez, ora quieras o no.

Ten fuertemente con Jesús viviendo y muriendo, y encomiéndate a su fidelidad, que Él solo te puede ayudar, cuando todos te faltaren. Tu amado es de tal condición, que no quiere consigo admitir a otro, mas Él solo quiere tener tu corazón y como rey sentarse en su propia silla. Si tú supieses bien desocuparte de toda criatura, Jesús morará de buena gana contigo. Hallarás casi todo perdido cuanto pusieres en los hombres, fuera de Jesús. No confíes ni estribes sobre la caña vacía; porque toda carne es heno, y toda su gloria caerá como flor de heno.

Si mirases solamente la apariencia de fuera de los hombres, presto serás engañado. Porque si te buscas tu descanso y ganancias en otros, muchas veces sentirás daño: si en todo buscas a Jesús, hallarás de verdad a Jesús: mas si te buscas a ti mismo, también te hallarás, pero para tu daño. Pues más se daña el hombre a sí mismo, si no busca a Jesús, que todo el mundo y todos sus enemigos le pueden dañar[6].

LA AMISTAD CON JESÚS

1. Cuando Jesús está presente, todo es bueno, y no parece cosa difícil: mas cuando está ausente, todo es duro. Cuando Jesús no habla dentro, vil es la consolación: mas si Jesús habla una sola palabra, gran consolación se siente. [...] ¡Cuán seco y duro eres sin Jesús! ¡Cuán necio y

---

[6] Thomas de Kempis, *La imitación de Cristo*, libro II, cap. 7.

vano si codicias algo fuera de Jesús! Dime, ¿no es este peor daño, que si todo el mundo perdieses?

2. ¿Qué puede dar el mundo sin Jesús? Estar sin Jesús es grave infierno: estar con Jesús es dulce paraíso. Si Jesús estuviere contigo, ningún enemigo podrá dañarte. El que halla a Jesús, halla un buen tesoro, y de verdad bueno sobre todo bien. Y el que pierde a Jesús pierde muy mucho, y más que todo el mundo. Pobrísimo es el que vive sin Jesús, y riquísimo es el que está bien con Jesús.

3. [...]

4. Ama a todos por amor de Jesús, y a Jesús por sí mismo: solo a Jesucristo se debe amar singularísimamente: porque Él solo se halla bueno y fidelísimo, más que todos los amigos. [...]

5. Sé puro y pobre interiormente sin ocupación de criatura alguna. [...] En estas cosas no debes desmayar ni desesperar, mas estar constante a la voluntad de Dios, y sufrir con igual ánimo todo lo que viniere a la gloria de Jesucristo. Porque después del invierno viene el verano, y después de la noche vuelve el día, y pasada la tempestad viene gran serenidad[7].

ENCUENTRA TU ALIENTO EN MARÍA

San Germano, patriarca de Constantinopla, habla en una de sus homilías de María como «nuestro respiro [...] respiro del cristiano, respiro más eficaz que el aire que da vida [...] aliento de los cristianos»[8].

---

[7] THOMAS DE KEMPIS, *La imitación de Cristo*, libro II, cap. 8.

[8] Citado por M. O. BONALDO, *Respiriamo Maria*, Ed. Figlie della Chiesa, Roma 2000, p. 13.

Esta expresión singular ha sido repetida varias veces por Padres y Teólogos posteriores, hasta san Luis María Grignion de Montfort, quien solía repetir: «¿Cuándo será que las almas respirarán a María, como los cuerpos respiran el aire?»[9].

Respirar a María significa:

—amarla tiernamente como la más querida de las madres;
—introducirla en la intimidad de nuestro corazón;
—unirla tan íntimamente a nuestra persona que no podamos imaginar la vida sin ella;
—sentirla necesaria, como le es necesario al cuerpo respirar.

Si te dejas cautivar por Jesús, no puedes dejar de cautivarte también por su madre. En ella he concentrado todo lo que de más excelso se puede pensar de una criatura humana, después de Jesús.

He unido en ella la virginidad y la maternidad, para que pudiera resplandecer lo que más puede elevar y honrar una figura femenina. Es mujer, es virgen, es madre, es esposa, es inmaculada; es madre de la Iglesia y de todos los redimidos.

Ha sido la colaboradora "histórica" para que se pudiera realizar la Encarnación, y es la colaboradora perenne para que cada hombre pueda ser redimido y salvado. ¡Es, por lo tanto, tu dulce madre!

---

[9] *Ibid.*

Debes por eso:

— encontrar en ella tu aliento,
— llamarla,
— invocarla,
— honrarla con tierno amor.

Debes considerarla como:

— la dulce compañera de viaje,
— el refugio en los peligros,
— el punto de referencia en la vida,
— la consoladora de todas tus penas,
— la dulce confidente de todos tus secretos.

Déjate amar por mí. Déjate amar por María, templo vivo de la Trinidad, esposa del Espíritu Santo, madre de mi Hijo hecho hombre, obra maestra terrestre pensada para Jesús, y también para ti, que eres hijo mío.

TÚ, ÁMAME ASÍ

Dios parece lejano,
pero "solo" para que tú puedas llamarlo.
Parece lejano solo para que tú,
extendiendo cada vez más tus brazos,
puedas acogerlo "entero"
y puedas abrazarlo.

DIVO BARSOTTI

HASTA AHORA TE HE HABLADO de mí, tratando de que comprendas quién soy y lo que he hecho y hago por ti. He dicho todo lo que se puede decir sobre mí y mi amor. Te he dado la prueba más grande posible, dándote a mi único Hijo, que envié al mundo a morir en la Cruz: ¡precisamente por ti! Ahora es tu turno. A mi iniciativa de ofrecerte mi amor debe corresponder tu amor, porque una declaración de afecto sin respuesta es inútil y absurda. Mi oferta requiere una contraoferta: pero no una cualquiera, sino aquella que exige la lógica de las cosas: te ofrezco amor y pido amor.

Y como no hay amor más verdadero y completo que el mío, no hay más que un objeto digno de todo tu amor: al crearte por amor y a mi imagen, no podía asignarte otro propósito más digno de tu noble naturaleza: ¡A mí mismo! Solo yo soy:

—el verdadero fin de tu vida;
—el único objeto de tu amor;
—el único sentido de tu existencia.

Te creé para que, conociéndome y amándome, te hicieras digno de mi Paraíso.

No desperdicies tu vida

Dicho esto, cualquier error en la valoración y orientación de tu vida puede ser fatal para ti:

—si te apartas de este fin, le das a tu vida un sentido absurdo;

—si amas desordenadamente las criaturas y te apoyas en ellas en lugar de en el Creador, experimentarás molestia y decepción;

—si rechazas el amor hacia mí, que soy el Sumo Bien: estropeas tu vida, la haces infructuosa y la excluyes para siempre de la alegría.

Es famosa la expresión de san Agustín: «Nos creaste, Señor, para ti, y nuestro corazón está inquieto hasta que descansa en ti»[1]. Cuántos son aquellos que aún no han aceptado mi amor, y buscando afectos y pasiones extraños y extravagantes, se ven atrapados en una vida

—vacía,
—triste,

---

[1] San Agustín, *Confesiones*, libro I, cap. 1. n. 1.

—inquieta,
—angustiada,
—desesperada

Fueron creados para acoger el amor absoluto y se enga-
ñan pensando que pueden llenar su corazón con amores
efímeros e inadecuados. Se comportan como ese hambriento que, en lugar de llenar su estómago de pan y carne, introduce heno, flores o joyas: objetos útiles e incluso
preciosos, pero solo para otros fines.

TU ÚNICA OCUPACIÓN, LA DE AMAR

Quizás aún no has comprendido el verdadero sentido de
la vida y la urgencia de darle la dirección correcta. Aún no
te has decidido a hacer del amor el verdadero centro de
tu existencia, pero ha llegado el momento de comprenderlo y decidirlo. Debes estar bien seguro de que estás en
el mundo solo para un propósito: ¡el de amar! Todas las
demás cosas, todos los demás intereses son secundarios, a
veces irrelevantes, a menudo negativos y dañinos.

Lo dice expresamente Jesús: «Amarás al Señor tu Dios
con todo tu corazón, con toda tu alma, con toda tu mente» (*Mateo* 22, 37). No dice:

—estudia,
—trabaja,
—gana dinero,
—haz carrera,
—vence a los enemigos,
—conquista el éxito…

sino única y simplemente: ¡ama!

A las palabras de Jesús hacen eco las palabras del apóstol Pablo: la plenitud de la ley es el amor (cfr. 1 *Corintios* 13); y las del apóstol Juan: «Dios es amor, y quien permanece en el amor permanece en Dios y Dios en él» (1 *Juan* 4, 16).

No tienes alternativas: tu única, verdadera, insustituible ocupación es la de amar. Si no te comprometes en este sentido, al final tendrás que confesar amargamente: ¡Ay, he cometido un gran error!

Quiéreme así

Ahora quiero trazarte un camino concreto para responder a mi solicitud de amor: algunas indicaciones simples y esenciales.

Empecemos por el evangelista Mateo:

> Y uno de ellos, un doctor de la ley, le preguntó para ponerlo a prueba: «Maestro, ¿cuál es el mandamiento principal de la ley?». Él le dijo: «Amarás al Señor tu Dios con todo tu corazón, con toda tu alma, con toda tu mente. Este mandamiento es el principal y primero. El segundo es semejante a él: Amarás a tu prójimo como a ti mismo» (*Mateo* 22, 35-39).

No hay dudas ni reservas: todo se concentra en el amor, en un amor que tiene dos dimensiones:

—una vertical, que tiene por objeto a Dios;
—otra horizontal, que tiene por objeto al prójimo.

Si «este mandamiento es el principal y primero», el amor es la cosa más importante, más urgente e indispensable: nada lo puede sustituir o superar.

Por tanto, ámame así: acogiendo, viviendo y dando testimonio del amor que te pido, en estas dos dimensiones inseparables.

Sobre todas las cosas

Ama pues «con todo tu corazón, con toda tu alma, con toda tu mente», es decir, sobre todas las cosas. ¡A mí el primado absoluto! yo debo tener el primer lugar en lo que amas, en lo que eliges, en lo que haces.

No te pido palabras dulces (aunque esas también, si sabes encontrarlas), sino actitudes mentales y elecciones de vida coherentes con tu dignidad de hijo mío.

No te digo que pienses solo en mí. En el mundo, cerca y lejos de ti, hay muchas personas y cosas que puedes y debes amar. Ellas fueron creadas para ti, pero subordinadamente a mí.

Puedes y debes amar a tu familia, el trabajo, a las mujeres, a los hombres, a los niños, a los enfermos, las maravillas de la naturaleza y del arte. El mismo Paraíso no consistirá solo en mi contemplación, sino también en la posesión y el disfrute, purificados y elevados, de las cosas y las personas que amaste en la vida.

Solo quiero reafirmar la absoluta prioridad que debo tener en tu consideración, y la necesidad de juzgar todo como un don y medio para alcanzar mi presencia.

Repite, mañana y noche, la antigua oración: «Te adoro, Dios mío, y te amo con todo el corazón. Te doy gracias por haberme creado, hecho cristiano y conservado en esta noche (/este día)...».

Guarda los Mandamientos

El verdadero amor se manifiesta en el cumplimiento de esa Ley que yo di a la humanidad: los Mandamientos. Se llaman Mandamientos, pero no son órdenes impuestas por la fuerza de quien se siente dueño, sino indicaciones ofrecidas por el amor de un Padre amoroso que quiere señalar a sus hijos el camino que deben seguir para su crecimiento y su plena realización.

Observarlos o rechazarlos depende solo de ti. Decir sí o no es una elección exclusivamente tuya. Me muestras tu amor cuando, libremente, eliges caminar sobre el sendero que tracé para ti y alejas con decisión consciente las tentaciones que intentan apartarte de tu verdadero bien.

Elige las Bienaventuranzas

Además, para apartarte de los engaños del mundo y hacerte a la alegría de los bienes espirituales, te envié a través de Jesús siete mensajes breves, llamados las Bienaventuranzas, asegurando que aquellos que las acepten serán bienaventurados, es decir, se verán colmados y recompensados. Se trata de:

—los pobres en espíritu,
—los afligidos,
—los mansos,
—aquellos que tienen hambre y sed de justicia,

—los misericordiosos,
—los puros de corazón,
—los perseguidos por mi causa.

A aquellos que acepten las Bienaventuranzas, les he prometido no solo el Paraíso futuro, sino también un anticipo terrenal de la paz del cielo. Si las aceptas como normas de vida, no solo me ofrecerás una prueba concreta de amor, sino que podrás vivir en serenidad incluso en las condiciones más difíciles y menos aceptables.

Vivir las Bienaventuranzas a fondo es el camino principal para llegar a la santidad y a la felicidad eterna.

Vive en un estado habitual de gracia

Estás en estado de gracia cuando no tienes pecado mortal. El pecado es mortal cuando, con plena advertencia y consentimiento deliberado, desobedeces mi ley de forma grave.

«El pecado», escribe el Padre Vincenzo Benetollo, «no es solo una desobediencia y un acto contra la razón, sino el rechazo y, a menudo, el desprecio de la amistad con Dios. Al mirar a Jesús crucificado, se puede entrever no solo la inmensidad del don divino, sino también la excepcional gravedad del rechazo de ese don de amor. El pecado muestra entonces su verdadero rostro, revelándose como la condena a muerte del amor»[2].

Evita el pecado mortal con todo tu empeño, pero si llegas a ceder incluso a una sola tentación grave, no subestimes la situación, no sigas como si nada hubiera

---

[2] V. Benetollo, *Morale e felicità*, ESD 1996, p. 154.

ocurrido, no postergues la petición de perdón y el compromiso de acceder al sacramento de la confesión tan pronto como sea posible.

La confesión sacramental es expresamente requerida para volver al estado de gracia. Si no puedes acceder a ella de inmediato, haz un acto de amor perfecto, con la promesa de confesarte lo antes posible, y así podrás recuperar inmediatamente el estado de gracia.

El acto de amor perfecto, explica el Padre Benetollo, «es un acto de amor hacia Dios con el cual la persona ama a Dios porque es Dios, con un amor totalmente desinteresado. Lo ama porque es bondad infinita que se dona, lo ama por encima de todas las cosas, y todo lo demás, incluida ella misma y las demás personas, lo ama por él, porque él, Dios, es la fuente y la medida de su amor»[3].

¡No seas como muchos que, aparentemente, son buenos y honestos, pero que, en realidad, están espiritualmente enfermos e infructuosos! Si me quieres amar de verdad, mantén tu pureza, vive en orden, y mantente disponible para recibir a tu Señor que viene a visitarte de muchas maneras.

Disponte a cumplir mi voluntad

Jesús dijo: «No todo el que me dice "Señor, Señor" entrará en el reino de los cielos, sino el que hace la voluntad de mi Padre que está en los cielos» (*Mateo* 7, 21). Y en otros lugares, de muchas maneras, enseñó a rezar para que se cumpla en todo y siempre mi voluntad.

---

[3] *Ibid.*, p. 148.

Y es obvio, porque mi voluntad es la razón y la causa de todo lo que existe, y de todo lo que ocurre en ti y a tu alrededor. Mi voluntad casi nunca está en sintonía con la tuya, a menudo, de hecho, está en abierta contradicción, pero es mi voluntad la que garantiza tu verdadero bien.

Sé que mi voluntad está envuelta en misterio y no puedes conocerla completamente; pero ella se manifiesta a través de muchos canales y formas que te la muestran de manera evidente. Ora a menudo con estas invocaciones precisas: «Señor, hazme conocer tu voluntad» (cfr. *Salmo* 25, 4.27; 143, 8.); «hágase tu voluntad en la tierra como en el cielo» (*Mateo* 6, 10), y trata de adaptarte con serenidad y confianza, dándome una prueba concreta de que realmente me quieres amar.

ACOGE LA VIDA COMO DON

Repite a menudo esta pequeña y mágica palabra: ¡gracias! Gracias, porque:

—todo es un don de mi amor,
—todo es fruto de esa infinita generosidad que me ha llevado, y me lleva, a rodearte de todos los dones naturales y sobrenaturales que te dan vida y riqueza.

Acostúmbrate a ser agradecido, y por lo tanto feliz de existir, de vivir, de ser... ¡lo que eres! Todo lo que eres y lo que tienes viene de mí. Todo: incluso lo que te hace sufrir y lo que no logras aceptar. Todo: las cosas grandes y las pequeñas; los acontecimientos agradables y los desagradables; las personas agradables y aquellas a las que te cuesta amar.

Santa Teresa de Lisieux dice que si las flores pudieran hablar, no podrían decir otra cosa que dar las gracias con sencillez. Si una pequeña flor encuentra motivo para dar gracias, ¡cuánto más deberías poder hacerlo tú, que has recibido el maravilloso regalo de ser quien eres!

Muéstrame tu alegría de vivir, repitiendo a menudo esa simple palabra que me da tanta alegría, pero que normalmente olvidas decir: ¡gracias! Es un exquisito y agradable acto de amor.

No temas por tu pasado

No tengas miedo por tu pasado, cualquiera que sea, porque tus errores y pecados, si te has arrepentido, han sido totalmente perdonados y olvidados.

Yo realmente olvido tus culpas, y continúo renovando mi plena confianza en ti, haciendo de ti un hombre completamente nuevo.

Debes creer en mi amor, confiando ciegamente en mis palabras, que son solo de comprensión y perdón. Y si el recuerdo de los errores pasados te induce a persuadirte de tu pequeñez, de tus incapacidades y de tu nada, bendice este aspecto positivo que ellas te traen.

Todo lo que ha sucedido tiene su porqué y su sentido, ya que nada sucede por casualidad.

Lo importante es que me ames ahora, con todo el corazón, y te abandones a mi corazón, con la confianza del buen ladrón, que con un solo acto de fe ha totalmente anulado un turbio pasado... ¡desesperado!

No temas por tu futuro

No te adentres en el laberinto de las combinaciones posibles en las que te podrías encontrar mañana. No te atormentes con las habituales preocupaciones: ¿dónde iré a parar? ¿qué me puede suceder? ¿qué será de mí cuando sea viejo, si me pongo enfermo, si mueren mis seres queridos?

¡Vive el día a día! A cada día le basta su pena, su dolor, su prueba. Para la aflicción de hoy, te aseguro una Providencia particular, suficiente, proporcionada.

Para la aflicción de mañana te garantizo una Providencia igualmente particular, suficiente, proporcionada. Tú no sabes qué será mañana; pero sabe con certeza que, de todos modos, te daré la ayuda justa en el momento justo.

Vive con imperturbable serenidad: el futuro está en mis manos. El día presente es, en definitiva, una cosa pequeña, ¡y es fácilmente superable! ¡Y lo será también el de mañana, con mi ayuda de Padre atento que, antes de pedirte determinadas pruebas, se preocupa de que sean cargas que puedas llevar sobre tus hombros!

No temas en la hora del dolor

Demuestra tu amor sobre todo en la hora del sufrimiento y de la prueba. Yo estoy cerca de ti con la participación y el cuidado que son propios de una madre cuando el hijo sufre o está enfermo.

Recuerda que nada sucede por casualidad. Todo es querido o permitido por mí personalmente, y solo por tu bien. Cuando eres llamado a sufrir no olvides que:

—he elegido la cruz más adecuada para ti;

—que yo estoy a tu lado, aunque no me veas ni me sientas.

Cuando te encuentras oprimido por el dolor, y no entiendes el porqué de ciertas injusticias y de tantas amarguras y sufrimientos, no digas: «Señor, ¿cómo es esto?» Sino que esfuérzate en decir: «¡Señor, tú lo sabes! ¡Tú lo sabes!» Esta es la expresión más evangélica y más portadora de serenidad y paz interior.

Nada es más grato a mi corazón que un acto de amor tuyo que brote de un dolor aceptado y vivido en la fe.

No temas la muerte

No temas la muerte, porque en ese momento supremo estaré cerca de ti como nunca. Así como te he ayudado y te ayudo a vivir bien, así te ayudaré a *bien morir*.

¿Cómo puedo abandonar a un hijo en el momento más decisivo de su camino?

Demuestra que me amas, aceptando desde ahora la muerte que, en mi Providencia, he predestinado para ti. Todo será más fácil de lo que crees. Todo será más sencillo, porque se desarrollará según las reglas del amor, aunque no serán evidentes a los ojos de quienes estén cerca de ti en ese momento.

Que te consuele el pensamiento de que la muerte no será tu destrucción, sino tu glorificación. Tu morada terrenal será transformada en una morada eterna, donde todo será definitivamente dispuesto para una vida feliz, entre mis brazos que te esperan con impaciencia.

El supremo acto de amor será el de caminar sereno hacia la muerte, en la certeza de ser esperado y de ser amado más que nunca por Aquel que te es Padre.

Al llegar, escucharás como dirigidas a ti estas palabras exultantes: «¡Ven! ¡Finalmente! ¡Entra en el gozo de tu Señor!» Y ese será el momento en el que te convencerás plenamente de ser hijo mío.

También estará presente María, que te abrirá la puerta y te introducirá en el reino que he prometido a aquellos que han creído y correspondido al amor. Y estará tu Ángel Custodio, que te ha acompañado fielmente durante toda la vida.

BÚSCAME EN LO OCULTO DE TU HABITACIÓN

La paz y soledad de tu habitación es el lugar ideal para encontrarme. Lo dijo Jesús: «Tú, en cambio, cuando ores, entra en tu cuarto, cierra la puerta y ora a tu Padre, que está en lo secreto, y tu Padre, que ve en lo secreto, te lo recompensará» (*Mateo* 6, 6).

Y lo comenta el autor de la *Imitación de Cristo*:

«En la celda hallarás lo que perderás muchas veces por de fuera. El retiro usado se hace dulce, y el poco usado causa hastío. Si al principio de tu conversión la frecuentares y guardares bien, te será después dulce amigo y agradable consuelo.

En el silencio y sosiego aprovecha el alma devota y aprende los secretos de las Escrituras. Allí halla arroyos de lágrimas con que lavarse y purificarse todas las noches, para hacerse. Tanto más familiar a su Hacedor cuanto más se desviare del tumulto del siglo»[4].

---

[4] *Imitación de Cristo*, l. 1, cap. 20, nn. 5-6.

Si estás solo (o sola), no busques compañía en las redes, que normalmente te ofrecen espectáculos muy lejanos de brindarte esa serenidad y esa elevación que necesitas.

Internet, salvo en algunos casos, no te ayuda a encontrarte a ti mismo, a crecer, a educarte, a serenarte con imágenes limpias y alegres... más bien, te introduce mucha negatividad, tentaciones, visiones distorsionadas de la vida y desorden mental.

Si estás casado, apaga las pantallas y trata de ponerte en sintonía con tu cónyuge. En un clima de paz y serenidad, inicia esos diálogos que son indispensables para una vida de pareja tierna y constructiva.

Y, siempre juntos, subid a la fuente del auténtico Amor, buscándola en la oración común.

Frente al Tabernáculo

El Tabernáculo es el mejor lugar de encuentro para la cita más privilegiada del corazón. ¡Es la casa de Jesús! Allí están guardadas las Hostias consagradas, donde Jesús está presente «vivo, verdadero, real, en Cuerpo, Sangre, Alma, Divinidad y Humanidad; verdadero hombre y verdadero Dios»[5].

Está presente con corazón humano y divino, y por lo tanto con un corazón rebosante de amor, deseoso de derramarlo copiosamente en quien lo pida y lo reciba. Está presente físicamente, aunque sacramentalmente, es decir, bajo esas apariencias que lo hacen presente y al mismo tiempo lo esconden.

---

[5] Cfr. Concilio de Trento.

A Jesús en el Tabernáculo no hay que pedirle cita: está disponible siempre, cualquiera puede hablar con Él cuando y cuanto quiera. La respuesta no se hace esperar para quien tiene un corazón sencillo, para quien cree en su amor, para quien no tiene prisa.

Desde el Tabernáculo Él te ve, te escucha, te sonríe, te abraza, te estrecha idealmente hacia sí.

Tú míralo con amor, aunque tus ojos no vean su rostro. Tú no lo ves, pero Él te ve: déjate mirar, déjate amar, déjate acariciar... porque nadie te puede sonreír con la intensidad y el calor con que Él sonríe.

Ponte en silencio, y contémplalo sin muchas palabras, sin pronunciar fórmulas ya preparadas. Deja hablar al corazón, tu corazón; y dile todo lo que guardas dentro y no sabes a quién confiar.

Y si no tienes nada que decirle, abre la Biblia, el Evangelio, y escucha lo que quiero decirte justo en ese momento. Delante del Tabernáculo es el lugar más adecuado para la *lectio divina*: así mi Palabra, que es Jesucristo, y su presencia física se funden de una manera completamente singular.

Sabes bien que, junto a Jesús presente en el Tabernáculo, también estamos nosotros: el Padre y el Espíritu Santo. Juntos los tres, de hecho cuatro contigo: ¡un solo corazón y una sola alma!

La comunión eucarística

En la comunión eucarística realizo contigo, mediante mi hijo Jesucristo, la máxima unión posible en esta tierra.

Viniendo a ti penetramos en lo profundo de tu alma para divinizarla, y para comunicar a tu cuerpo una nueva energía que lo hará resurgir para la vida eterna. Me hice alimento y bebida para saciar tu hambre y sed de comida divina y para divinizar también tu cuerpo, preservándolo de la disolución final.

Después de la multiplicación de los panes, Jesús preanuncia este evento y afirma, entre otras cosas:

«El que come mi carne y bebe mi sangre tiene vida eterna, y yo lo resucitaré en el último día. Mi carne es verdadera comida, y mi sangre es verdadera bebida. El que come mi carne y bebe mi sangre habita en mí y yo en él. [...] el que me come vivirá por mí. [...] el que come este pan vivirá para siempre» (*Juan* 6, 54-58).

Promete:

—convertirse en carne y sangre para nuestra vida;
—hacer de nosotros su morada;
—darnos la vida eterna;
—hacer resurgir, al final, nuestra carne mortal.

¿Qué puede haber de mayor y mejor que esta promesa? Cuando recibes la comunión, abandónate completamente a mí en un dulce éxtasis que no necesita palabras ni fórmulas. El verdadero amor no necesita palabras: se expresa y se recibe en el silencio[6].

---

[6] La liturgia especifica que en la Misa haya dos momentos prolongados de silencio: uno después de la proclamación de la Palabra y el otro después de la comunión, para favorecer la reflexión y la oración personal, porque la oración litúrgica, con sus cantos y sus oraciones comunes, corre el riesgo de quitarle a la oración su aspecto de encuentro

En este dulce y prolongado silencio, trata de imaginarME como un océano infinito, y A TI como una pequeña gota; y luego... sumérgete decidida y totalmente en el abismo profundo de mi amor, y comprenderás cuán dulce es naufragar en este mar.

íntimo y personal con Dios.

DÓNATE ASÍ

Dios, *invisible* en sí mismo,
se hace visible para las criaturas
que revelan su rostro.
Dios, que es *silencio absoluto*,
nos habla a través de las criaturas.
Dios, que es *inaccesible*,
se hace accesible a través de las criaturas
que son el signo de su presencia.

Ignazio Klug

Hay dos dimensiones del amor:

—una vertical, que asciende hacia mí;
—otra horizontal, que se dilata hacia los demás: aquellos a quienes Jesús llama «prójimo» y Juan «hermanos».

Estas dos dimensiones parecen tener objetos diferentes, pero son tan complementarias que forman un único objetivo. Todo se aclara con las palabras de Jesús:

«Amarás al Señor tu Dios [...] Amarás a tu prójimo como a ti mismo» (*Mateo* 22, 37-39);

«En verdad os digo que cada vez que lo hicisteis con uno de estos, mis hermanos más pequeños, conmigo lo hicisteis» (*Mateo* 25, 40).

Estas palabras se concretan en la famosa expresión de Tertuliano: «Has visto al hermano, has visto a Dios».

Algunos piensan: no hace falta Dios, basta con unirse en una pequeña fraternidad. Otros piensan: basta con unirse a Dios, sin ocuparse de los demás. No hay duda: las dos dimensiones, la del amor a Dios y al prójimo, se cruzan y se complementan.

No se puede olvidar una sin dañar a la otra; no se puede suprimir la primera sin hacer vana e ilusoria la segunda. Por lo tanto: no puedes amar a los hermanos sin amarme a mí; y tampoco puedes amarme a mí sin amar a los hermanos.

Dice el apóstol Juan: «Si alguno dice: "Amo a Dios", y aborrece a su hermano, es un mentiroso» (1 *Juan* 4, 20). Y san Agustín: «Decir que se ama a Dios cuando no se ama al prójimo es como abrazar a alguien pisándole los pies».

Dos mandamientos, un solo mandamiento

Si yo considero hecho a mí lo que haces al hermano, se deduce que cada persona, sea quien sea,

—es la imagen que me hace presente;
—es el recipiente en el que yo me escondo;
—es un signo humilde, pero concreto, de mi presencia en el mundo.

Yo y el hermano somos dos términos que se llaman, y de hecho están entrelazados y coordinados. Y así:

126

—tú llegas a mí a través del hermano;
—me sirves, sirviendo al hermano;
—me amas, amando al hermano.

Y del mismo modo:

—si quieres abrirte al hermano, debes abrirte a mí;
—si quieres encontrar al hermano, debes encontrarme a mí;
—si quieres caminar con el hermano, debes caminar conmigo.

En tus relaciones con los demás, tú piensas que yo estoy ausente o lejano, pero en realidad estoy siempre presente siempre me intereso por ti.

Jesús dijo que debemos amar a Dios y al prójimo. Se puede formular el mandamiento de esta manera: Ama al Señor en tu prójimo, porque el objeto del amor es uno solo... y soy yo:

—amado por mí mismo,
—amado en los hermanos.

El amor debe traducirse en gestos concretos

El amor al hermano no es sentimiento o sentimentalismo que se alimenta de emociones o ternuras superficiales, sino don efectivo y concreto de sí mismo, según las necesidades y exigencias de cada uno.

La Iglesia, basándose en mi Palabra, y en particular en el texto de Mateo que describe el juicio final (cfr. *Mateo*

25, 31-46), resume las formas concretas de amar en las *obras de misericordia*.

—Las *obras de misericordia espirituales* son: dar buen consejo al que lo necesita; enseñar al que no sabe; corregir al que está en el error; consolar al triste; perdonar las injurias; sufrir con paciencia los defectos ajenos; rezar a Dios por los vivos y por los difuntos.

—Las *obras de misericordia corporales* son: dar de comer al hambriento; dar de beber al sediento; vestir al desnudo; dar posada al necesitado; visitar al enfermo; socorrer a los presos; enterrar a los muertos.

Esta es como la síntesis operativa del Evangelio de la caridad y, por lo tanto, el programa fundamental de toda persona, de toda comunidad, y de todo grupo eclesial que quiere tomar en serio el Evangelio.

Para llevar a cabo la auténtica caridad evangélica, te invito a hacer de tu vida un don de amor a los hermanos.

Te pido que respondas al don que yo te he hecho y sigo haciendo, con un don al hermano, en mi nombre.

DÓNATE DEL TODO

Dona todo de ti: mente, voluntad, capacidad y, sobre todo, corazón. Dona tu consuelo a quien está triste y desconsolado, y tu aliento a quien está desanimado.

Dona tu mano amiga a quien ha caído en la culpa, y tu sonrisa benévola a cualquiera que se acerque a ti, incluso si te molesta o te hace perder tiempo.

Dona tu ayuda concreta a quienes trabajan por los demás, y tu colaboración a las iniciativas de caridad que se realizan en las comunidades eclesiales y civiles.

Dona tu dinero a quienes sufren de hambre, y tu socorro a quienes están en necesidad. Dona tu asistencia y servicio a quienes están solos y abandonados.

DÓNATE A TODOS

Dentro de lo posible, y respetando ciertas prioridades, debes donarte a todos, porque todos son tus hermanos.

El hermano a amar es aquel que yo, en mi Providencia, te coloco cerca en cada instante, haciéndolo tu prójimo. Es aquel que pasa a tu lado, que trabaja, estudia, juega, sufre, grita, invoca, maldice, vive, muere... junto a ti.

El hermano es el dueño o el inquilino de tu casa, el empleado de Hacienda, el que se te sienta a tu lado en el tren, en la iglesia, en la clase, en la cárcel, en la oficina; es el frutero, el cliente, el profesor, el amigo, el pariente...

Es el rico y el pobre, el guapo y el feo. Es aquel que te resulta antipático, que habla mal de ti, que se complace de tus fracasos.

Es el africano y el asiático, aquel que comparte tu visión política y quien no la comparte en absoluto; el creyente convencido y el ateo militante.

Jesús no dijo: «Ama a tu prójimo simpático, útil a tus objetivos»; ni te autorizó a hacer las divisiones que surgen tan naturalmente:

—este es simpático... ese es antipático;

—este me gusta... ese me repugna;

—este lo merece... ese no merece nada.

Solo te dice que ames y te dones a cada hermano que te encuentres, cualquiera que sea su rostro y sus acciones. No importan su nombre, sus tendencias, su pasado. Una sola cosa te debe importar: ver en él mi rostro e intentar de inmediato amarme en él.

Dónate siempre

Dónate incluso cuando no estés especialmente dispuesto, o sientas repulsión, aversión o disgusto. No te dejes influenciar por tus altibajos, el mal humor, tus envidias y los juicios de los malintencionados.

Adquiere la buena costumbre de nunca gritar, de no ofender a nadie, de no humillar a quien ha cometido un error o se presenta de manera inconveniente. Evita, sobre todo, la arrogancia en tus palabras y en tus relaciones con las personas ignorantes, falsas, ofensivas, prepotentes, insistentes...

Cuánta paciencia se necesita para mantener relaciones correctas y, sobre todo, constantes con todos.

Evita dejarte llevar por un solo gesto de ofensa e ira, porque con un solo acto imprudente, podrías anular todo el bien que has hecho antes de... entrar en crisis.

Esta constancia en el donarse a los hermanos es el don más apreciado que puedes ofrecerme, porque yo te amo con un amor fiel, y mi amor no se rinde frente a tus infidelidades.

Dónate con alegría

Cuando te dones a los demás, debes sentirte feliz, porque:

—me llenas de alegría a mí,
—alegría al hermano,
—das alegría a ti mismo.

¿Te has dado cuenta de que, al donarte a los demás, es más lo que recibes de lo que das? No solo eso, sino que la recompensa se encuentra en niveles más altos y trasciende cualquier cálculo. Por algo Jesús habla de «cien veces más» (*Mateo* 19, 29).

Por eso, deberías ser tú quien agradezca a aquellos que aceptan tu don y servicio, en lugar de esperar la gratitud de los beneficiados. Cuánta paz en el dar.

Y quien da con alegría, dona dos veces.

Dónate perdiendo

El amor da valor al don: se dona en la medida en que se ama. Pero, increíblemente, solo es un don verdadero el que se pierde. Esta es la lógica del amor: todo lo demás es poesía o hipocresía.

Si quieres amar verdaderamente, debes estar dispuesto a perderlo todo por amor: placeres, intereses, ganancias, gustos, comodidades, descanso... es la señal más desinteresada de gratuidad.

Pero de hecho se pierde solo aparentemente, porque «el que pierda su vida por mí y por el Evangelio, la salvará» (*Marcos* 8, 35). La vida donada y sacrificada por amor se multiplica en muchos corazones y lleva frutos abundantes, aunque sean lejanos e ignorados, como el grano que, muriendo, produce fruto (cfr. *Juan* 12, 24).

Por el contrario:

—si no quieres perder nunca,
—si no quieres perder nada,
—si quieres tener siempre la razón,
—si te quejas cuando no eres apreciado,
—si te echas atrás cuando no eres recompensado como te gustaría,

es señal de que no has donado nada; más bien, eres tú quien quiere poseer a los demás y exigir lo que no puedes dar.

Jesús, la víctima sin culpa, ganó a todos perdiendo todo, perdiendo siempre, perdiendo la vida... y todo por amor.

Dónate perdonando

Yo soy bueno, el único bueno, el bueno en absoluto (*Lucas* 18, 19). Precisamente por eso, siempre estoy dispuesto a perdonar. Obviamente, cuando hay arrepentimiento.

Porque este arrepentimiento debe cumplir tres condiciones para ser eficaz:

—el reconocimiento del propio error,
—la pena de haberlo cometido,
—la voluntad de no repetirlo.

Mi perdón es seguro: su garantía es la absolución sacramental que, en mi nombre, remueve cualquier pecado (cfr. *Juan* 20, 22-23).

Jesús con su sacrificio ha pagado por todos. En Él está «la redención, el perdón de los pecados» (cfr. *Colosenses* 1, 14; *Efesios* 1, 7). Él pagó con la efusión de su sangre, pero también con una continua obra de acogida, de misericordia, de perdón.

Enfrentó una muerte injusta y dolorosísima sin proferir palabras de reproche o de amenaza, sino solo implorando perdón por sus verdugos. ¡Qué ejemplo de bondad llevado al máximo de la tolerancia, de la comprensión y del perdón!

Tú, como Él, estás invitado a reconciliarte no solo conmigo, sino también con todos los hermanos. Estás invitado a perdonar, como yo te he perdonado y perdono. Debes perdonar a todos,

—siempre,
—inmediatamente.

Debes perdonar lo antes posible, porque si dejas pasar incluso un solo día, todo te resultará más difícil y complicado. Considera estos tres grados del perdón:

—perdono, pero no olvido;
—perdono, porque me esfuerzo por ser bueno, pero no dejo de considerar a esa persona culpable e indigna;
—perdono, disculpando a esa persona que ciertamente actuó sin entender, sin querer, sin darse cuenta de lo que hacía.

Intenta perdonar así, disculpando a quien te ha hecho mal; como lo hizo Jesús, como lo hizo Esteban, como lo hicieron y hacen tantos héroes y santos. «Padre, perdónalos, porque no saben lo que hacen» (*Lucas* 23, 34); «Señor, no les tengas en cuenta este pecado» (*Hechos* 7, 60).

Sé muy bien que el perdón te cuesta tanto que casi nunca logras llevarlo a cabo completamente. No te desanimes: debes pedirme la fuerza a mí, y solo a mí, porque nadie puede convencerte, y mucho menos ayudarte a lograrlo. ¡Solo la oración puede realizar el milagro!

En el momento en que logres decir con sinceridad: "he perdonado", ten por seguro que me habrás dado la prueba de amor más difícil. A cambio, te sentirás como liberado de un gran peso y experimentarás una paz nunca antes conocida.

O'Connel, agudamente, dice: «Perdona de inmediato. Eso ahorra tiempo y favorece la digestión».

SÉ UNA GOTA LIMPIA EN LA QUE BRILLA EL AMOR DE DIOS

La Madre Teresa de Calcuta, regresando de Oslo donde había recibido el Nobel de la Paz otorgado en 1978, hizo una parada en Roma. Varios periodistas se agolparon en el patio exterior de la pobre morada de las Misioneras de la Caridad en el Monte Celio.

La Madre Teresa no esquivó a los periodistas, sino que los acogió como hijos, poniendo en la mano de cada uno una pequeña medalla de la Inmaculada.

Un periodista le hizo una pregunta algo provocadora. Le preguntó: «Madre, usted ya tiene más de 70 años y... ¡también tendrá que morir! Cuando muera, el mundo será como antes. ¿Qué habrá cambiado después de tanto esfuerzo?».

Ella respondió sonriendo: «Yo nunca he pensado en cambiar el mundo. Solo he intentado ser una gota de agua limpia, en la cual pueda brillar el amor de Dios: ¿le parece poco?».

El periodista no pudo responder.

Madre Teresa retomó la palabra y dijo: «Intente usted también ser una gota de agua limpia, y así seremos dos. ¿Está casado?».

«Sí, Madre...».

«Dígalo también a su esposa, y así seremos tres. ¿Tiene hijos?».

«Tres hijos, Madre».

«Dígalo también a sus hijos, ¡y así seremos seis!».

SOMOS MUCHOS LOS QUE AMAMOS

Gota tras gota, piedra tras piedra, nota tras nota... hasta formar un gran río, un alto rascacielos, una sinfonía.

Las gotas, las piedras, las notas son los innumerables actos de amor que se elevan hacia mí desde los hermanos, e incluso desde las personas anónimas y ocultas, consideradas incapaces de amar. ¡Son muchos los que aman!

—son las madres y los padres que, con sacrificio constante, sacan adelante a sus familias, sin reconocimientos públicos ni medallas al valor;

—es el personal sanitario y social que presta su trabajo cualificado y difícil para aliviar los dolores y las dificultades de los demás;

—son los trabajadores que a todos los niveles se entregan en el servicio diario con honestidad y dedicación, a menudo con un gran sacrificio;

—son los enfermos, los discapacitados, los ancianos; aquellos que sufren porque están oprimidos por problemas familiares, físicos, de carácter, que los llevan a decir: «¡Yo soy un cristiano de segunda clase!»;

—son los sacerdotes, que consagran toda su vida para darme a conocer y amar, dedicándose a la evangelización, a la santificación y al servicio de la comunidad;

—son los religiosos y las religiosas, que han elegido la virginidad, la pobreza y la obediencia, amándome con corazón indiviso y dándose sin reservas a los hermanos;

—son los hombres y mujeres que han elegido la vida en clausura. Parecen aislados y distantes, pero en realidad son, a título pleno y superior, el verdadero apoyo y la verdadera salvación del mundo, porque nada es más importante y necesario que la oración.

¡Todos tienen un nombre, un papel, una misión! ¡Todos son llamados y amados, ciertamente por mí, pero también por el prójimo, aunque a veces no lo sepan!

¿Crees que es una ilusión pensar que millones y millones aman? ¡No! Porque

—el río está hecho de muchas pequeñas gotas,
—el rascacielos de muchas pequeñas piedras,
—una sinfonía de muchas notas diferentes,
—un camino de muchos pequeños pasos...

Son muchos los hombres y las mujeres de buen corazón, de hecho, lo son todos, incluso aquellos que parecen mostrar solo violencia y maldad.

Son muy significativas las palabras de un joven que, en el momento de su arresto por los desórdenes que había cometido, confesaba: «Mientras hacía el mal, seguía soñando con el bien, y era infeliz porque no lograba hacerlo».

LA FUERZA DE UN SÍ

Si la nota musical dijera: «Una nota no hace melodía» no habría sinfonía... ni concierto.

Si la palabra dijera: «Una palabra no puede llenar una página», no habría ningún libro.

Si la piedra dijera: «Una piedra no puede convertirse en una pared», no habría casas.

Si una gota de agua dijera: «Una gota no puede formar un río», no habría océanos.

Si un grano de trigo dijera: «Un solo grano no puede sembrar todo un campo», nunca habría cosecha.

Si un hombre o una mujer dijera: «Un acto de amor no puede salvar a la humanidad», nunca florecería sobre la tierra la justicia, la paz y la felicidad.

La fuerza de un sí es imparable. Un sí generoso siempre está cargado de consecuencias benéficas: en ti, a tu alrededor, lejos de ti. Porque el bien se propaga como la mancha de aceite, y siempre da frutos. Dónde, cómo y cuándo, tú no lo sabes.

Dice Gandhi: «No le pidas a Dios que te haga feliz, sino que te haga útil: la felicidad llegará por sí sola». Llegará cuando tú hayas sembrado a tu alrededor, con gran amor.

No te desanimes

No te desanimes frente a las innumerables miserias que te rodean. No te deprimas si te sientes impotente e inadecuado.

Si en medio de cientos de heridos, solo puedes socorrer a uno, ¡socorre solo a ese! Si en medio de cientos de sufrientes, solo puedes consolar a uno, ¡consuela al menos a ese! Si en medio de tantos «peregrinos», solo puedes acoger a uno, ¡acoge a ese!

Nunca digas: «No hago nada, porque no puedo hacerlo todo». Haz lo que puedas, hazlo con amor. Haz tu parte: del resto se encargarán otros, me encargaré yo. Lo importante es que digas sí, muchos síes a la vida y al amor.

Tu hermano, tú y yo

Tu hermano, tú y yo somos como los lados de un triángulo, que no puede existir si falta un lado: no puedes amarme a mí sin amar al hermano, no puedes amar al hermano sin amarme a mí.

Debes amar al hermano como a ti mismo. El amor a ti mismo es una tendencia natural, y también un deber.

Jesús equiparó el amor que debes al prójimo con el amor que sientes espontáneamente por ti mismo: «Amarás a tu prójimo como a ti mismo» (*Levítico* 19, 18; *Mateo* 22, 39). Tú, por lo tanto, eres el punto de referencia y la unidad de medida del amor al hermano. Por la razón más sencilla: tú eres la persona que más me interesa, que amo, que busco, que quiero salvar, que quiero hacer feliz. Debes convencerte de que, al crearte, quise hacer de ti una persona maravillosa. Debes creerme: eres único, irrepetible y especial. A mis ojos eres una verdadera obra maestra, y nadie puede compararse contigo ni reemplazarte. Así que lo único que te queda es

—aceptarte,
—amarte,
—honrarte, y, paradójicamente,
—¡abrazarte!

Abraza y acoge esta preciosa realidad que eres tú. Y solo después de haberte abrazado a ti mismo podrás abrazar a los demás, dándoles ese amor que primero has derramado sobre ti.

Y así, mi infinito amor se comunica a ti, y a través de ti llega a los hermanos, en un intercambio mutuo de sentimientos y dones. Déjate amar:

—por mí
—por los hermanos, y antes aún que por ellos,
—¡por ti mismo!

Haz de tu vida un compromiso de amor y de alegría. Vive en el estilo del lema del beato Luca Passi, un gran sacerdote italiano: *Arder para encender.*

Arder por el amor recibido; encender el amor en todos aquellos que aún no lo tienen.

EL TESTIMONIO DE TERESA DE LISIEUX

Ella ha hecho resplandecer en nuestro tiempo el atractivo del Evangelio; [...] ha ayudado a curar las almas de los rigores y de los temores [...], ha contemplado y adorado en la misericordia de Dios todas las perfecciones divinas.

JUAN PABLO II, Carta apostólica *Divini amoris scientia*, con la que se declara doctora de la Iglesia universal a santa Teresa del Niño Jesús y de la santa Faz.

¿POR QUÉ TERESA DE LISIEUX?

Al concluir nuestro *Déjate amar*, se vuelve especialmente significativo el testimonio de santa Teresa de Lisieux, también conocida como santa Teresita del Niño Jesús. ¿Por qué?

Porque la "pequeña vía de la infancia espiritual" que ella enseñó tuvo la ratificación más solemne con su proclamación como doctora de la Iglesia. Este es un título normalmente otorgado a teólogos y estudiosos particularmente expertos, y no a una persona joven y culturalmente irrelevante como ella.

A ella le bastaron 24 años de vida, de los cuales nueve los pasó en el convento, para trazar un camino y una doctrina de tal prestigio que pudo ser considerada guía y ejemplo para toda la Iglesia.

El evento de la proclamación tuvo dos momentos distintos: por un lado, el anuncio, dado en París el 24 de agosto de 1997, durante la XII Jornada Mundial de la Juventud, en presencia de más de un millón de jóvenes; y por otro la proclamación oficial, realizada en Roma el 19 de octubre de 1997, en la Jornada Misionera, en la Plaza de San Pedro.

En la larga serie de eventos extraordinarios que marcaron el paso al Tercer Milenio a través del Jubileo, este fue uno de los momentos más expresivos para un nuevo relanzamiento de la fe basado en la confianza, la simplicidad y el abandono al amor: ¡*Déjate amar!*

Santa Teresa de Lisieux, hoy más que nunca, dice a los hombres confusos y desesperados del tercer milenio: ¡No tengáis miedo, sed humildes, sencillos, confiados, optimistas! ¡Volved a ser niños! ¡Recuperad el espíritu de la pequeñez evangélica!

Teresa: una vida breve e intensa

Teresa nació en Alençon, Francia, el 2 de enero de 1873, de Louis Martin y Zéla Guerin.

Tras la muerte de su madre, ocurrida el 27 de agosto de 1877, se trasladó con toda la familia a Lisieux, donde, rodeada del afecto de su padre y sus hermanas, recibió una formación exigente y al mismo tiempo llena de ternura.

En el día de Pentecostés de 1883, recibió la singular gracia de la curación de una grave enfermedad, por la intercesión de nuestra Señora de las Victorias.

En la Navidad de 1886 vivió una experiencia espiritual muy profunda, que calificó como su "conversión completa". Gracias a ello, superó la fragilidad emocional derivada de la pérdida de su madre y comenzó una "carrera de gigante" en el camino de la perfección. Deseaba abrazar la vida contemplativa, como sus hermanas Paulina y María, pero no pudo debido a su corta edad.

Viajó a Italia para visitar la santa casa de Loreto y la ciudad eterna. En la audiencia concedida por el papa a los peregrinos de Lisieux, el 20 de noviembre de 1887, con filial audacia, pidió al papa León XIII ingresar al Carmelo a los 15 años.

El 9 de abril de 1888 entró en el Carmelo de Lisieux, y el 8 de septiembre de 1890 hizo la Profesión religiosa.

Inició en el Carmelo el "camino de la perfección" trazado por la Fundadora Teresa de Jesús, con auténtico fervor y fidelidad, desempeñando diversos oficios, sin episodios de especial notoriedad.

Iluminada por la Palabra de Dios, probada de manera especial por la enfermedad de su amado padre, que murió el 29 de julio de 1894, Teresa comenzó a caminar hacia la santidad, insistiendo en la centralidad del amor.

Descubrió y comunicó a las novicias bajo su cuidado "la pequeña vía de la infancia espiritual" y, atraída por el amor de Cristo, creció en ella la vocación apostólica y misionera, que la impulsaba a arrastrar a todos hacia el Esposo divino.

El 9 de junio de 1895 se ofreció como víctima al amor misericordioso de Dios.

El 3 de abril de 1896, en la noche entre el Jueves y el Viernes Santo, tuvo la primera manifestación de la enfermedad que la llevaría a la muerte. Teresa la acogió como la llamada del Esposo divino. Al mismo tiempo, entró en la prueba de la fe, que duró hasta su muerte, precedida de innumerables e indescriptibles sufrimientos.

Murió la tarde del 30 de septiembre de 1897. Sus últimas palabras fueron: «Yo no muero, entro en la vida»; y «Dios mío, te amo», sellando con estas expresivas palabras un camino iluminado por la fe y el amor.

HISTORIA DE UN ALMA

Teresa dejó escritos que le merecieron la calificación de maestra espiritual. La obra principal es el relato de su vida en tres manuscritos autobiográficos A, B, C, que se publicaron juntos bajo el título de *Historia de un alma*.

El manuscrito A, redactado a petición de su hermana Inés de Jesús, entonces priora del monasterio, y entregado a ella el 21 de enero de 1896, describe las etapas de su experiencia religiosa, desde la infancia hasta la primera profesión.

El manuscrito B, redactado durante el retiro espiritual de 1896, a solicitud de su hermana María del Sagrado Corazón, contiene algunas de las páginas más bellas, conocidas y citadas. En ellas se manifiesta la plena madurez de Teresa, quien habla de su vocación en la Iglesia, Esposa de Cristo y Madre de las almas.

El manuscrito C, compilado en 1897, pocos meses antes de su muerte, a petición de la priora María de

Gonzaga, completa los recuerdos del Manuscrito A. Estas páginas revelan la sabiduría sobrenatural de Teresa, que muestra de manera conmovedora las pruebas de su fe: una gracia de purificación que la sumergió en una larga y dolorosa noche oscura, iluminada por su confianza en el amor y su abandono en Dios.

En estos tres manuscritos diferentes, Teresa nos dejó una autobiografía original, que es la historia de su alma. Es la "pequeña vía", accesible a todos porque no requiere gran cultura ni disposiciones especiales.

En las 266 cartas enviadas a sus familiares, a las religiosas y a sus "hermanos" misioneros, Teresa comunica su sabiduría desarrollando una enseñanza que constituye de hecho un profundo ejercicio de dirección espiritual.

En sus 54 poesías, la santa logra transmitir un notable contenido teológico inspirado en la Sagrada Escritura.

En las 8 *Recreaciones piadosas* y en las 21 *Oraciones*, transmite su fuerte sentimiento religioso.

Por último, las *Últimas conversaciones* recogen las inspiradas palabras pronunciadas durante los últimos meses de vida, puestas por escrito por los testigos presenciales.

UN HURACÁN DE GLORIA

La acogida y simpatía otorgadas a Teresa, inmediatamente después de su muerte, fueron entusiastas y universales.

El papa Pío XI, el 18 de mayo de 1925, no dudó en decir: «Teresa ha conmocionado el mundo con un huracán de gloria».

Ya en 1914, menos de 20 años después de su muerte, el papa Pío X había proclamado a Teresa «la más grande santa de los tiempos modernos».

Benedicto XV declaró la heroicidad de sus virtudes y, en esa ocasión, dio un discurso sobre la infancia espiritual.

El papa Pío XI la proclamó beata el 29 de abril de 1923; y el 17 de mayo de 1925 la declaró santa, destacando el resplandor de sus virtudes y la originalidad de su doctrina. El 14 de diciembre de 1927, atendiendo la solicitud de muchos obispos misioneros, la proclamó, junto con san Francisco Javier, Patrona de las Misiones.

Juan Pablo II, el 19 de octubre de 1997, le otorgó el título de Doctora de la Iglesia.

Su imagen se difundió rápidamente: más de 4 millones de copias entre el 15 de julio de 1915 y el 15 de julio de 1916; cientos de millones hasta el día de hoy.

En su honor se erigieron catedrales, basílicas, santuarios e iglesias en todo el mundo. Su culto es celebrado en la Iglesia católica y en los diversos ritos de Oriente.

Muchos institutos de vida consagrada y movimientos eclesiales la han elegido como maestra y patrona, inspirándose en su doctrina espiritual. Muchos fieles han podido experimentar la fuerza de su intercesión: un verdadero éxito mundial, extendido en el tiempo y en el espacio.

No hay rincón de la tierra, ni iglesia ni capilla que no contenga una de sus imágenes, generalmente representada con un ramo de rosas que envuelven un crucifijo en las manos.

¿POR QUÉ TANTO ÉXITO?

Teresa triunfa porque dio en el blanco. Es decir, se hizo intérprete de la necesidad común de descubrir el camino más fácil para llegar a Dios.

Teresa intuyó cuál es el corazón del Evangelio y comprendió lo que se esconde en lo más profundo del corazón de toda persona.

El corazón del Evangelio es el amor. El corazón humano tiene una necesidad irresistible de amar, pero de una manera:

—sencilla,
—espontánea,
—sin tantas reglas,
—sin complicaciones y, sobre todo,
—sin tantos miedos.

Teresa, con una simplicidad admirable y casi desenvuelta, reveló un Dios-Amor, contraponiéndose a esa concepción, tan querida por los jansenistas de la época, de un Dios lejano, distante, inquisidor, al que había que acercarse con miedo y lo menos posible.

El mensaje es dulce y dulce es la persona que lo encarna. Teresa se mostró a todos como una religiosa amable a la que amar e imitar, una feliz intérprete de los mejores sentimientos que se anidan en lo profundo de cada uno de nosotros; una chica simpática capaz de suscitar la nostalgia de esa pureza de sentimientos y de vida que quisiéramos tener, pero que no conseguimos alcanzar.

Teresa, meditando la Palabra de Dios en la Biblia[1], iluminada por el Espíritu Santo invocado en la oración, «entró en el corazón del Evangelio» y «se sintió instruida en la ciencia del amor»[2].

Logró comprender aquellas palabras que Jesús reveló a los pequeños y escondió a los soberbios y poderosos. Y se puso en el camino simple e inmediato hacia el Padre, en el Espíritu Santo, por medio de Jesús.

Este camino es pequeño, evangélico, y lo recorren aquellos que se hacen pequeños de corazón y de espíritu: es el camino principal que conduce directamente al corazón de Dios.

Habla Teresa

«¡Qué dulce es el camino del amor...! ¡Cómo deseo aplicarme con el más absoluto abandono a cumplir siempre la voluntad de Dios!»[3].

«Quiero hallar el modo de ir al cielo por un caminito muy recto, muy corto; por un caminito del todo nuevo. [...] Quisiera encontrar un ascensor para elevarme hasta Jesús, pues soy demasiado pequeña para subir por la ruda escalera de la perfección [...].

---

[1] En sus textos hay más de 1000 citas bíblicas: más de 400 del Antiguo Testamento, y otras 600 del Nuevo Testamento.

[2] Son palabras de Pío XII pronunciadas en 1954, con ocasión de la consagración de la basílica de Lisieux.

[3] Teresa de Lisieux, *Historia de un alma*, Editorial Monte Carmelo Burgos 1973, p. 238.

Busqué en los libros sagrados [...]: "Si alguno es pequeñito, que venga a mí". [...] Por eso, no necesito crecer, al contrario, he de permanecer pequeña, empequeñecerme cada vez más»[4].

«He aquí, pues, todo lo que Jesús exige de nosotros. No tiene necesidad de nuestras obras, sino solo de nuestro amor. [...] no vacila en mendigar un poco de agua a la Samaritana. [...] al decir: "Dame de beber", lo que estaba pidiendo el Creador del universo era el amor de su pobre criatura. Tenía sed de amor...

Entre los discípulos del mundo, solo encuentra ingratos e indiferentes, y entre sus propios discípulos ¡qué pocos corazones encuentra que se entreguen a él sin reservas, que comprendan toda la ternura de su amor infinito!»[5].

«Mi vida está hecha de confianza y de amor, y no comprende a las almas que tienen miedo de tan tierno amigo.

Cuando leo ciertos tratados espirituales en los que la introducción está llena de tantas dificultades complicadas... mi pequeño espíritu no tarda en cansarse. Cierro el libro de los sabios que destroza mi cabeza y seca mi corazón, y tomo en mis manos las Sagradas Escrituras. Entonces todo se ilumina y la introducción me parece fácil: veo que basta reconocer nuestra nada y entregarse como un niño en los brazos de Dios»[6].

---

[4] *Ibid.*, 271.
[5] *Ibid*, 247-248.
[6] *Carta al Padre Roulland*, n. 201.

«¡Ah! Si los sabios, que viven entregados al estudio hubieran venido a interrogarme, ciertamente habrían quedado sorprendidos al ver a una niña de catorce años comprender los secretos de la perfección, secretos que toda su ciencia no podrá nunca descubrirles a ellos, porque para poseerlos es necesario ser ¡pobres de espíritu!»[7].

«Comprendí que hay una sola cosa que hacer: llegar a Jesús desde el corazón»[8].

«No olvides que Jesús es todo. Debes, pues, perder tu nada en su todo infinito, y no pensar más que en este todo que es lo único que se puede amar»[9].

«¡Oh, Verbo divino! ¡Eres tú el Águila adorada que yo amo, la que me atrae! Eres Tú el que, lanzándote a la tierra del destierro, quisiste sufrir y morir a fin de atraer a las almas hasta el centro del eterno foco de la Trinidad bienaventurada.

Eres Tú el que, remontándote hasta la Luz inaccesible que será para siempre tu morada, permaneces todavía en el valle de las lágrimas, escondido bajo la apariencia de una hostia blanca…»[10].

«Comprendí muy bien que la dicha no se halla en los objetos que nos rodean, sino en lo más íntimo del alma; se la puede poseer lo mismo en una prisión que en un palacio.

---

[7] *Historia de un alma*, 141.
[8] *Carta a Leonia*, n. 171.
[9] *Carta a Maria Guerin*, n. 87.
[10] *Historia de un alma*, p. 263.

La prueba es que yo soy mucho más dichosa hoy en el Carmelo, aun en medio de mis sufrimientos interiores y exteriores, que entonces en el mundo, cuando me veía rodeada de todas las comodidades de la vida»[11].

«Desde que se me ha concedido comprender el amor del Corazón de Jesús, confieso que el amor ha echado fuera de mi corazón todo temor... Cuando se lanzan nuestras culpas, con total confianza filial, al brasero abrasador del Amor, ¿cómo podrían no ser consumidas para siempre?»[12].

MI VOCACIÓN ES EL AMOR

«Ciertamente, estos tres privilegios constituyen mi vocación: Carmelita, Esposa y Madre.

Sin embargo, siento en mí otras vocaciones: Siento la vocación de guerrero, de sacerdote, de apóstol, de doctor, de mártir. Siento, en una palabra, la necesidad de realizar por ti, Jesús, las más heroicas acciones...

[...]

Siento en mí la vocación de sacerdote. ¡Con qué amor, oh, Jesús, te llevaría en mis manos y te daría a las almas!

[...]

---

[11] *Ibid.*, 185.
[12] *Carta a don Bellière*, n. 220.

Tengo la vocación de apóstol… Quisiera recorrer la tierra, predicar tu nombre y plantar sobre el suelo infiel tu Cruz gloriosa. [...] Desearía anunciar al mismo tiempo el Evangelio en las cinco partes del mundo.

[...]

Pero desearía, sobre todo, ¡oh, amadísimo Salvador mío! derramar por ti hasta la última gota de mi sangre.

¡El martirio! He aquí el sueño de mi juventud. Este sueño ha ido creciendo conmigo bajo los claustros del Carmelo… Pero siento que también este sueño mío es una locura, pues no podría limitarme a desear un solo martirio…

[...]

¡Oh, Jesús mío!, ¿qué responderás a todas mis locuras? ¿Hay, acaso, un alma más pequeña, más impotente que la mía?

[...]

Mis ojos toparon con los capítulos 12 y 13 de la *Primera epístola a los corintios*.

Leí, en el primero, que no todos pueden ser apóstoles, profetas, doctores, etc.; que la Iglesia está compuesta de diferentes miembros, y que el ojo no podría ser al mismo tiempo mano.

La respuesta era clara, pero no colmaba mi deseo, no me daba paz...

[...]

Sin desanimarme, seguí leyendo y esta frase me reconfortó: "Buscad con ardor los dones más perfectos; pero voy a mostraros un camino más excelente" (1 *Corintios* 12, 31) Y el Apóstol explica cómo todos los dones, aun los más perfectos, nada son sin el amor... Afirma que la caridad es el camino excelente que conduce con seguridad a Dios.

[...]

La caridad me dio la clave de mi vocación. Comprendí que si la Iglesia tenía un cuerpo compuesto de diferentes miembros, no le faltaría el más necesario, el más noble de todos. Comprendí que la Iglesia tenía un corazón, y que este corazón estaba ardiendo de amor.

Comprendí que solo el amor era el que ponía en movimiento a los miembros de la Iglesia, que si el amor llegara a apagarse, los apóstoles no anunciarían ya el Evangelio, los mártires se negarían a derramar su sangre...

Comprendí que el amor encerraba todas las vocaciones, que el amor lo era todo, que el amor abarcaba todos los tiempos y todos los lugares, en una palabra, ¡que el amor es eterno!

Entonces, en el exceso de mi alegría delirante, exclamé: "¡Oh, Jesús, amor mío! Por fin he encontrado mi vocación, ¡mi vocación es el amor!".

[...]

En el corazón de la Iglesia, mi Madre, yo seré el amor...
¡Así lo seré todo... así mi sueño se verá realizado!»[13].

---

[13] *Historia de un alma*, pp. 253-256.

ESTE LIBRO, PUBLICADO POR
EDICIONES RIALP, S. A.,
MANUEL URIBE, 13-15, 28033 MADRID,
SE TERMINÓ DE IMPRIMIR EN
ANZOS, S. L., FUENLABRADA (MADRID),
EL DÍA 24 DE FEBRERO DE 2025.